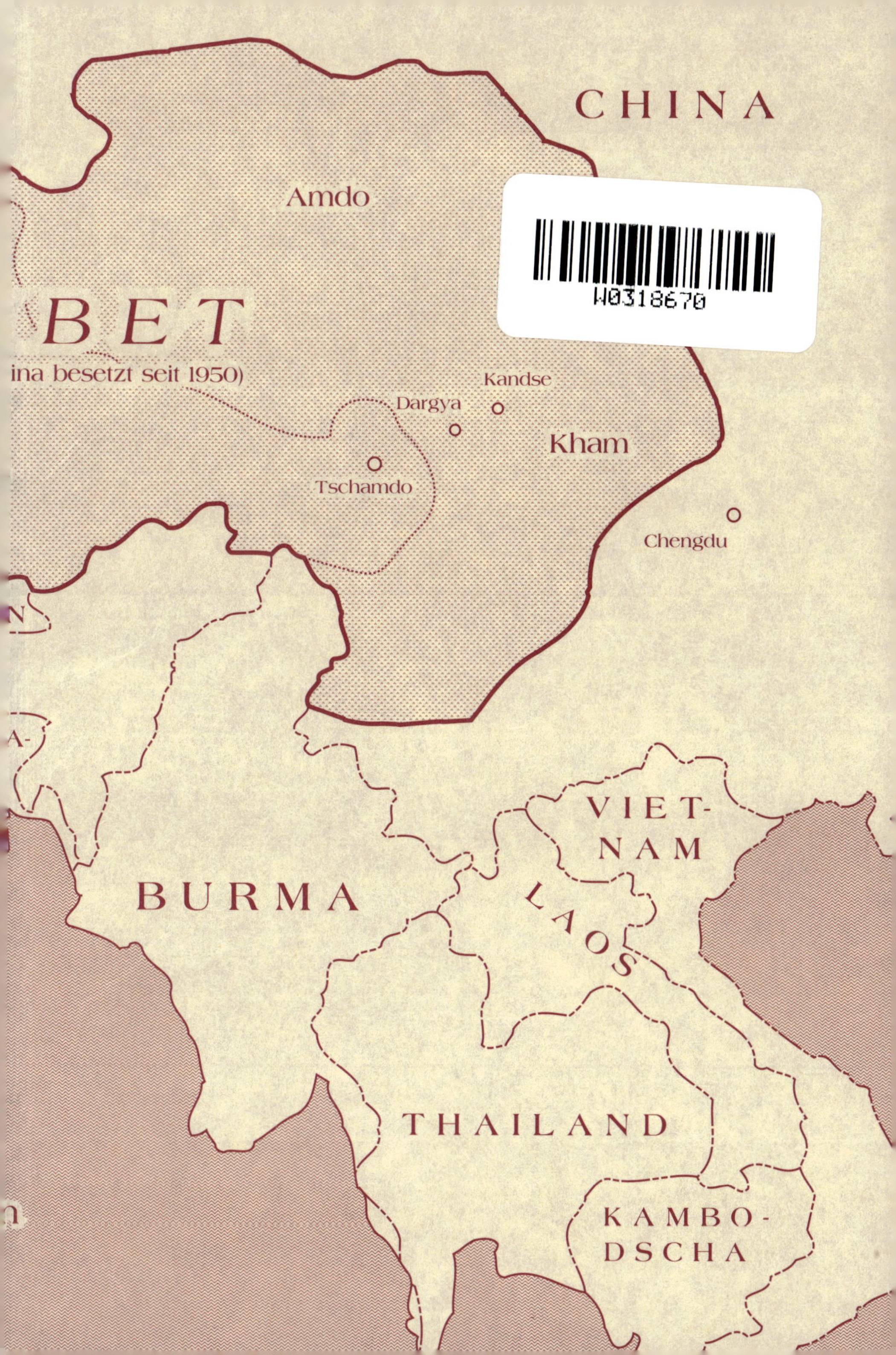

CHINA
Amdo
BET
ina besetzt seit 1950)
Kandse
Dargya
Kham
Tschamdo
Chengdu
VIET-
NAM
BURMA
LAOS
THAILAND
KAMBO-
DSCHA

Geshe Thubten Ngawang –

ein Leben in Weisheit und Güte

Geshe Thubten Ngawang –
ein Leben in Weisheit und Güte

Biographie eines buddhistischen Meisters aus Tibet

Mit zwei Unterweisungen von
Geshe Thubten Ngawang
und drei Texten zur Geistesschulung von
Dschampa Khedrup Rinpotsche

Aus dem Tibetischen übersetzt von
Jürgen Manshardt, Carola Roloff und Christof Spitz

Herausgegeben vom Tibetischen Zentrum e.V.

dharma edition

Besonderer Dank gilt Maud Kellerhals, Gabriele Küstermann, Nina Schmidt und Renate Warnecke, die durch ihre finanzielle Unterstützung wesentlich zur Veröffentlichung dieses Buches beitrugen.

Die Deutsche Bibliothek – CIP-Einheitsaufnahme
Geshe Thubten Ngawang – ein Leben in Weisheit und Güte :
Biographie eines buddhistischen Meisters aus Tibet / hrsg. vom Tibetischen Zentrum e.V. mit zwei Unterweisungen von Geshe Thubten Ngawang und drei Texten zur Geistesschulung von Dschampa Khedrup Rinpotsche. Aus dem Tibetischen übers. von Jürgen Manshardt ... – Hamburg : dharma-ed., 1994
ISBN 3-927862-19-3
NE: Thub-bstan-ṅag-dbaṅ; Byams-pa-mkhas-grub <Rin-po-che>; Manshardt, Jürgen [Übers.]; Tibetisches Zentrum <Hamburg>

Herausgeber: Tibetisches Zentrum e.V.

1. Auflage 1994

Gestaltung, Satz und Repro: Oleg Borisov, Christof Spitz
Bildnachweis: Archiv Tibetisches Zentrum e.V.: 20, 21, 25, 32, 40, 49, 60, 63, 70, 71, 76, 78, 83, 92. Franz Binder: 15, 16. Chöyang: 12. Foto Bulmer: 56. Jürgen Manshardt: 26, 30, 47, 50, 51. Christof Spitz: Titel, Frontispiz, 34, 73. Hama Werner: 85.

Druck: Clausen & Bosse, Leck

ISBN 3-927862-19-3

dharma edition • Hermann-Balk-Str. 106 • 22147 Hamburg
Tel. 040-644 98 28 • Fax 040-644 35 15

Inhaltsverzeichnis

Vorwort

Zum Inhalt

Im Westen ist ein wachsendes Interesse am Buddhismus und speziell an der lebendigen Tradition des tibetischen Buddhismus zu beobachten. Während die tibetisch-buddhistische Kultur in ihrem Heimatland durch die jahrzehntelange Unterdrückung seitens der chinesischen Besatzer dem Untergang nahe ist, konnte sie durch große Mühen in den Exilgemeinschaften der Tibeter recht gut – wenn auch in einem beträchtlich kleineren Maßstab – erhalten werden.

Keine zweieinhalb Jahrzehnte ist es her, seit die ersten tibetischen Meister in den Westen gelangten, wo sie bei vielen Menschen nicht nur ein großes Interesse an der tibetischen Kultur wachriefen, sondern ihnen auch ein tieferes Verständnis der buddhistischen Lehre vermittelten. Einige dieser Lehrer haben Samen für das Entstehen kleinerer und größerer buddhistischer Zentren und Lebensgemeinschaften vornehmlich in Europa und Amerika gelegt. Durch das Wirken dieser Meister besteht zum ersten Mal im Westen die Möglichkeit, direkt und authentisch die tiefgründigen Lehren und umfassenden Übungen des tibetischen Buddhismus zu studieren und in die Praxis umzusetzen.

Besonders der 14. Dalai Lama hat mit seiner Ausstrahlung, offenherzigen Güte und bestechenden Weisheit vielen westlichen Menschen wichtige Impulse für einen friedfertigen und konfliktlösenden Umgang mit sich selbst und anderen verleihen können. Sein Wirken und sein Einfluß wären jedoch kaum so weitreichend, würden nicht eine Vielzahl tibetischer Lamas durch ebenso beharrliches Bemühen Interessierte mit den Lehren des tibetischen Buddhismus näher vertraut machen. Zu diesen Meistern und Wegbereitern des tibetischen Buddhismus im Westen zählt sicherlich Gesche Thubten Ngawang, der seit mehr als fünfzehn Jahren vor allem im deutschsprachigen Raum, aber auch in anderen Ländern Europas, einschließlich Rußlands, tätig ist.

Als Gelehrter und Meditationsmeister, der noch im alten Tibet einen Großteil seiner religiös-philosophischen Ausbildung absolviert hat, gehört

Gesche Thubten Ngawang einer Generation von tibetischen Lamas an, welche die wohl letzte Blüte dieser einmaligen Hochkultur noch unmittelbar erlebt haben. Die tiefe Verwurzelung in der buddhistischen Lehre, die sowohl einen nüchtern-pragmatischen Realismus als auch eine tiefe Religiösität fördert, hat ihn das schwere Schicksal meistern lassen, daß er selbst und das gesamte tibetische Volk erfahren mußten. Wie vielen seiner Landsleute gelang es Gesche Thubten Ngawang, auf gefahrvollen Wegen über den Himalaya nach Indien zu fliehen, wo er schon nach kurzer Zeit wieder mit anderen Mönchen vereint wurde und seine religiöse Ausbildung fortsetzen konnte. Während immer mehr Nachrichten über die Leiden der Zurückgebliebenen und über die Zerstörung der tibetischen Kultur zu vernehmen waren, wurde den Flüchtlingen immer mehr die Verantwortung für die Bewahrung der tibetischen Kultur und des bis dahin ununterbrochenen Überlieferungsstromes der buddhistischen Lehren deutlich. Es galt, die Lehren und den kulturellen Schatz des tibetischen Buddhismus auf die junge Generation zu übertragen.

Gesche Thubten Ngawang vollendete daher trotz aller Entbehrungen und Schwierigkeiten seinen Ausbildungsweg und erwarb nach einem jahrzehntelangen und für unsere Verhältnisse unfaßbar intensiven Studium den höchsten Gelehrtentitel. Als er kurz darauf als Lehrer in die Fremde nach Deutschland berufen wurde, mußte er auf den ersehnten Eintritt in das Tantra-Kolleg verzichten, in dem er die Geheimlehren noch intensiver hätte studieren wollen. In Deutschland angekommen, begann er seine Lehrtätigkeit zunächst in einem eher kleinen Kreis, der sich aber schnell erweiterte.

Neben den vielen Aktivitäten wie Belehrungen, Vortragsreisen, Dialogen mit westlichen Psychologen und Vertretern anderer Religionen liegt ein Schwerpunkt seines Wirkens auf dem von ihm konzipierten und getragenen »Systematischen Studium des Buddhismus«, das vom Tibetischen Zentrum e.V. in Hamburg in siebenjährigen Studiengängen angeboten wird. Dadurch, daß er über all die Jahre an einem Ort wirkte, konnte eine stabile Geistige Gemeinschaft entstehen, die besonders von Mönchen und Nonnen getragen wird.

Geshe Thubten Ngawang – Ein Leben in Weisheit und Güte zeichnet im ersten Teil nicht nur ein persönliches Bild dieses einflußreichen Meisters, sondern liefert gleichzeitig auch eine getreue Schilderung des Lebens- und Ausbildungsweges vieler anderer Mönche und Meister in den Klöstern des alten Tibet und im unfreiwilligen Exil. Auch das persönliche Schicksal Gesche Thubten Ngawangs mag stellvertretend für das vieler seiner Landsleute stehen, die aus ihrer Heimat fliehen und die fast vollständige Zerstörung ihrer so reichen Kultur erleben mußten. Zudem können die Erfahrungen und Eindrücke, die Gesche Thubten Ngawang durch seine Begegnung mit dem Westen gesammelt hat, den Leser vielleicht dazu anregen, Rückschlüsse auf die eigene westliche Lebensart und Kultur zu ziehen.

Dem biographischen Teil sind drei Texte zur Geistesschulung aus der Feder des Meisters Dschampa Khedrup Rinpotsche hinzugefügt, welcher der wichtigste Lehrer von Gesche Thubten in Tibet war. Die Texte bezeugen die große Geisteskraft, die diesen Meister trotz widrigster Umstände nie verließ und die ihn befähigte, seinen Schülern in der wohl dunkelsten Periode der tibetischen Geschichte beizustehen. Der Umstand, daß Gesche Thubten Ngawang großen Wert auf Übersetzung und Einfügung dieser Texte legte, bezeugt die tiefe Verbundenheit mit seinem Lehrer und die hohe Wertschätzung, die er ihm entgegenbrachte. Es ist Ausdruck des geistigen Bandes, das Lehrer und Schüler auch weit über den Tod hinaus verbindet und seit nunmehr zweieinhalb Jahrtausenden gewährleistet, daß die Lehren des Buddha in unverfälschter Weise und in ununterbrochener Folge überliefert werden konnten.

Die Lebensgeschichte Gesche Thubten Ngawangs und die Texte zur Geistesschulung wären jedoch unvollständig, wenn nicht einige wesentliche Inhalte des Buddhismus dargelegt würden. Die *Einführung in den Buddhismus* und die etwas anspruchvollere Darlegung über *Die Natur des Geistes* im zweiten Teil des Buches vermitteln daher grundlegende Aspekte der Lehre und zeichnen ein Bild der Lehrtätigkeit Gesche Thubten Ngawangs.

Zur Entstehung des Buches

Die ersten vier Kapitel der Lebensgeschichte erzählte Gesche Thubten Ngawang auf Fragen von Jürgen Manshardt (Bhikṣu Dschampa Dönsang), der auch die Übersetzung besorgte sowie die Bibliographie, die Anmerkungen und Zeichnungen beisteuerte. Das fünfte Kapitel basiert auf einem Interview, das Birgit Stratmann mit Gesche Thubten anläßlich des fünfzehnten Jahrestages seiner Ankunft im Tibetischen Zentrum führte und das von Carola Roloff (Bhikṣuṇī Dschampa Tsedrön) übersetzt wurde. Die beiden Lehrdarlegungen im zweiten Teil geben zwei öffentliche Vorträge wieder, die Gesche Thubten in Hamburg gehalten hat und die von Christof Spitz (Bhikṣu Dschampa Gyatso) ins Deutsche übertragen und später überarbeitet wurden.

An dieser Stelle sei allen gedankt, die am Entstehen dieses Buches beteiligt waren, insbesondere Oleg Borisov, Rolf Gaska, Gabriele Küstermann und Renate Warnecke.

Hamburg, den 8. April 1994

Jürgen Manshardt (Bhikṣu Dschampa Dönsang)

Teil I

Biographie

»Begehe auch nicht eine schlechte Handlung, übe in vortrefflicher Weise heilsames Tun, und zähme deinen Geist: Das ist die Lehre des Erwachten.«

Buddha Śākyamuni

Leben für die Befreiung

Frage: Welche Bedeutung kommt Ihrer Meinung nach dem tibetischen Begriff »Namtar«[1] zu, der meist mit dem Wort »Biographie« oder »Lebenslauf« übersetzt wird?
Geschela: Im allgemeinen ist es wohl in Ost und West gleichermaßen Tradition, daß einzelne Persönlichkeiten ihren Lebenslauf erzählen. In Indien und anderen buddhistischen Ländern wie Tibet hat sich jedoch seit Buddha Śākyamuni eine besondere Tradition herausgebildet, die mit den Inhalten der Lehren des Erleuchteten in engem Zusammenhang steht. Eines der zentralen Themen der buddhistischen Lehre spiegelt sich in dem Begriff Befreiung (Tib. *Thar pa*) wieder. Die religiöse Übung eines Buddhisten sollte darauf ausgerichtet sein, die Befreiung aus all den Leiden und Schwierigkeiten des Daseinskreislaufs[2] zu erlangen. Er sollte bestrebt sein, nicht alle Wertvorstellungen nur auf sein derzeitiges Leben zu beziehen, und er sollte eine Geisteshaltung abzuwenden suchen, die nur eine einzige Existenz für möglich hält. Er muß erkennen, daß er auch in zukünftigen Leben wieder auf ähnliche Formen des Leids treffen wird, wenn es ihm nicht gelingt, die Befreiung aus dem Rad der Existenzen zu erlangen. Unser Lehrer, der Buddha Śākyamuni, hat all die fehlerfreien Mittel gelehrt, um dieses Ziel erreichen zu können. Er lehrte das Kleine Fahrzeug,[3] den allgemeinen Bodhisattva-Pfad[4] und den Weg des Mantra. Da es sich dabei um sehr tiefgründige Mittel handelt, die man durch Meditation und andere Übungen zur Anwendung bringen sollte, ist es in der Regel so, daß ein einziges Leben nicht ausreicht, um diese Ziele zu erlangen.

Es werden »Lebensläufe zur Befreiung« – dies bedeutet das tibetische »Namtar« – erzählt, damit der Zuhörende hilfreiche und heilsame Anlagen sammeln kann, die ihn befähigen, selbst den Pfad zur Befreiung zu gehen. Der Zuhörende sollte dabei erkennen, daß es vieler Leben bedarf, um die Befreiung erlangen zu können. Dies soll jedoch nicht heißen, daß der Erzählende selbst bereits die Befreiung erlangt haben muß. Vielmehr wird erklärt, wie er sein Leben sinnvoll genutzt hat, um eine enge Verbindung mit dem Dharma, der buddhistischen Lehre, herzustellen.

Geburt auf einer Pilgerreise

Frage: Wann hat Ihr Weg zur Befreiung angefangen? In diesem Leben?
Geschela: Das kann ich beim besten Willen nicht sagen. Ich kann hier nur über mein jetziges Leben Auskunft geben. Ich wurde im Spätsommer des Jahres 1932 geboren, als sich meine Mutter zusammen mit anderen Nomaden auf der Pilgerreise zum heiligen Berg Kailāś befand, »dem Schneejuwel« *(Gangs rin po che)* im Westen Tibets. Nach meiner Geburt nahm sie mich auf ihren Rücken und setzte ihre Pilgerschaft fort. Nachdem sie den Kailāś dreimal umwandert hatte, machte sie sich wieder auf den Heimweg. Über die näheren Umstände meiner Geburt habe ich meine Mutter jedoch weder gefragt, noch hat sie mir viel darüber erzählt. Da ich bereits seit meinem elften Lebensjahr von meiner Mutter getrennt war, habe ich nur sehr wenig über Familientradition, Herkunft und andere Verhältnisse erfahren. Auch kam ich nur sehr kurz in den Genuß elterlicher Ratschläge und anderem, was für die Erziehung gewinnbringend sein kann. So kann ich noch nicht einmal mit Sicherheit sagen, ob mein Vater bei der Pilgerreise dabeigewesen war oder nicht. Daß meine Mutter anwesend war, ergibt sich ja zwangsläufig aus der Tatsache meiner Geburt!
Frage: Betrachten Sie es als ein glückbringendes Omen, in der Nähe des heiligen Kailāś-Berges geboren worden zu sein?
Geschela: Der Berg Kailāś wird nicht nur von den tibetischen Buddhisten, sondern auch von Anhängern anderer Religionen – zum Beispiel den Hinduisten und den Jainas – als ein heiliger Ort angesehen. Die Tibeter sehen in ihm die Wohnstätte der segenspendenden Gottheit[5] Cakrasaṃvara (Tib. *Khor lo bde mchog).*

Wenn man jedoch aus der Tatsache, daß ich in der Nähe eines heiligen Ortes geboren wurde, schließen möchte, daß dies in jedem Fall als ein glückbringendes Omen anzusehen sei, so müßte man auch folgern dürfen, daß alle in der Nähe von Bodhgaya[6] geborenen Inder dies als vielversprechendes Zeichen werten müßten. Ich glaube jedoch kaum, daß diese Inder es für besonders segensreich halten, in einem so ärmlichen Landstrich geboren zu sein. Doch ganz allgemein gesprochen wird eine Geburt in der Nähe einer heiligen Stätte von den meisten Tibetern als ein Zeichen einer besonderen Verbundenheit mit der Religion gewertet.

Geburt beim »Schneejuwel«: Geshe Thubten Ngawang erblickte das Licht der Welt, als seine Mutter eine Pilgerreise zum heiligen Berg Kailāś unternahm.

Frage: Warum ging Ihre Mutter auf diese Pilgerreise?
Geschela: Von den meisten Tibetern wird es als sehr heilsam und segensreich angesehen, wenn man zumindest einmal im Leben eine Pilgerfahrt zum heiligen Berg Kailāś unternehmen kann. Viele Tibeter machen sich in den Sommermonaten auf, um sprichwörtlich »den geschmolzenen Schnee des heiligen Berges zu trinken«.

Leben als Nomadenjunge

Frage: Können Sie ihr Elternhaus, ihre Jugend und ihr Heimatland etwas näher beschreiben?
Geschela: Die Gegend, in der meine Eltern lebten, lag im Nordwesten von Lhasa und trug den Namen »Schentsa Dzong« *(Shen tsa rdzong)*. Diese Region gehörte zu der Provinz Tö Nagtsang *(sTod nag gtsang)*, welche sich zwischen der Hauptstadt Lhasa im Osten, Schigatse im Süden und Nagtsang im Nordwesten erstreckte. Meine Eltern waren Nomaden. Sie lebten seit

Leben im Yakhaarzelt: Geschela wuchs in den Hochebenen Tibets als Nomadenjunge auf. Schon mit acht Jahren hütete er selbständig die elterliche Yakherde.

meiner frühen Jugend getrennt und so war unsere Familie relativ klein. Ich lebte meistens bei meinem Vater. Meine Mutter wohnte jedoch in der Nähe, und so konnte ich sie manchmal besuchen.

Wir lebten in größeren Zelten *(sBa)*, die aus den Haaren der Yaks hergestellt wurden. Ich hatte zwei Schwestern und zwei ältere Brüder. In dem Zelt meines Vaters war ich der Jüngste. Die Gegend war sehr uneben und mit vielen Bergen durchsetzt, auf denen es grasbewachsene Hänge und Almen gab. Es gab so gut wie keine Wälder oder Bäume. Im Sommer lebten wir meist auf den Hochalmen und zogen mit Beginn des Winters wieder in die tiefergelegenen Ebenen. In den Winterquartieren wurden dann um die Zelte herum Steine zu kleinen Mauern aufgetürmt, die natürlich nicht mit glatten Mauern hier im Westen zu vergleichen sind. Man spannte zusätzliche Schnüre, um die Zelte gegen die Winterstürme abzusichern. Die Zelte hatten in der Mitte eine herdähnliche Feuerstelle und darüber eine Öffnung im Zeltdach. Der Rauchabzug konnte bei Regen geschlossen werden, indem man eine Stoffbahn darüber zog. Einige Nomadenfamilien waren sehr groß und weideten ihre Tiere in einem weitläufigen Gebiet. Manchmal waren auch verschiedene Familien zu Verbänden zusammengeschlossen. Das Land war mit den verschiedensten Tieren wie Wildeseln, Hirschen und den gewaltigen Drongs *('Brongs)* bevölkert. Die Drongs ähneln in ihrem Aussehen den viel kleineren Yaks, sie können aber manchmal die Größe eines kleinen Elefanten annehmen. Ich habe jedoch in meiner Jugend außer den Hörnern einer Trophäe nie einen dieser Drongs gesehen. In unserer Herde hatten wir ungefähr 25 Yaks und Dris *('Bri)* – das Dri ist das weibliche Gegenstück zum Yak –, aber nur wenige Schafe und Ziegen, weil diese sehr viel Arbeit machen. Wir waren zuhause nur zu dritt, mein Vater, sein älterer Bruder und ich. Hätten wir größere Herden besessen, so hätten wir nicht auf alle Tiere in der rechten Weise aufpassen können.

Als Nomade hatte man den ganzen Tag über Arbeiten zu verrichten. Einige waren zum Beispiel ständig damit beschäftigt, die grobe Wolle mit einer Handspindel zu verspinnen, während sie auf die Herde achtgaben. Man mußte die Zelte anfertigen, die Tiere jeden Abend anbinden und vieles mehr. Ich selber zog ungefähr seit meinem achten Lebensjahr mit den Yaks auf ihre Weidegebiete hinaus, um die Tiere zu hüten.

Frage: Besuchten Sie damals irgendeine Schule? Wie lernten Sie lesen und schreiben, und wann begann Ihr Interesse an den religiösen Texten?

Geschela: Als ich ungefähr sieben Jahre alt war, begann ich mich für das Lesen und Schreiben zu interessieren. Ich hatte eine ältere Schwester mit dem Namen Taschi Drölma. Sie ist leider schon verstorben, wie ich aus Tibet erfahren habe. Sie war eine hingebungsvolle Dharma-Ausübende, sehr an Schriften interessiert und überaus gewandt im Lesen und Schreiben. Sie lebte bei meiner Mutter, und immer wenn ich zu ihr ging, lehrte mich meine Schwester das tibetische Alphabet. Sie hatte Lesen und Schreiben von anderen Bekannten in der näheren Umgebung gelernt. Unter den Nomaden gab es einige, die Schriften sehr gut zu lesen verstanden. Es handelte sich meist um diejenigen, die sehr religiös waren und für ihre Ausübung der Lehre die Schriften und Gebetsbücher lesen wollten. Viele hatten Lesen und Schreiben von Mönchen gelernt, die vornehmlich in den Sommermonaten auf der Durchreise einige Zeit bei den Nomaden blieben, um zum Beispiel Langlebens-Pūjās[7] und andere religiöse Aufgaben zu erfüllen. Gelegentlich kamen auch Lamas, die selber Nomaden gewesen waren, auf ihrer Reise von oder nach Lhasa in unsere Gegend und gaben Belehrungen. Ich verstand natürlich noch nicht die volle Bedeutung der Darlegungen, genoß es aber, den Unterweisungen beiwohnen zu können. Mir gefiel es, den Mönchen und Lamas zuzuschauen und ihnen nahe zu sein. Mein Vater besaß einige religiöse Texte wie beispielsweise ein Tārā-Gebet[8] und eine Schrift von Guru Padmasaṃbhava[9] mit dem Titel Päme Katang *(Pad me dka' thang sdus pa)*. Er selbst benutzte die Texte nur sehr selten und wußte sie auch nicht allzugut zu lesen. Mein Onkel hingegen war ein tiefreligiöser Mensch, der auch im Lesen sehr gewandt war. Er betete oft, rezitierte und las die Schriften, umwandelte die heiligen Stätten und ähnliches mehr. Wenn ich selbst mit den Yaks auf die Weideflächen hinauszog, nahm ich mir oft einen der genannten Texte mit, breitete ihn auf einem großen Stein aus und versuchte, ihn laut zu lesen. Manchmal nahm ich mir auch einige lose Seiten aus kleinen Schreinhäuschen mit, wenn ich vorbeikam. Viele ließen an solchen Orten oft ihre alten, unvollständigen oder eingerissenen Texte zurück. Ich setzte mich dann an einen angenehmen Platz, entfaltete die Seiten und begann damit, die einzelnen Lettern zu buchstabieren; denn am Anfang konnte ich noch nicht so recht lesen, geschweige denn den Inhalt verstehen. Auf einigen der Buchseiten waren manchmal auch Tiere wie Elefanten, Tiger und Schlangen abgebildet. Diese schaute ich mir mit großem Vergnügen an. Einmal war ich so sehr in die Bücher vertieft, daß ich gar nicht bemerkte, wie Wölfe herankamen und ein Tier rissen. Manchmal kam es auch vor, daß ich nicht recht achtgab und einige Tiere auf die Felder liefen und dort großen Schaden anrichteten. Als ich dann nach Hause kam, sagten meine Eltern: »Wie sonderbar, daß du an den Schriften ein so großes Interesse findest und nicht auf die Tiere achtgibst!«

Erste Eindrücke vom Mönchsleben

Frage: Gab es in der Umgebung religiöse Stätten?
Geschela: In der näheren Umgebung gab es kein Kloster. Es gab nur drei kleinere Tempel. In einem von ihnen, Mani-Tempel genannt, befand sich eine riesige Gebetsmühle, die wir Mani-Korlo *(Mani'i khor lo)* nennen, und

eine schöne Avalokiteśvara-Statue.[10] Während des Sommers versammelten sich dort einige Mönche. Meist kamen sie aus dem Kloster »Ganden Tschökhor«, in dem auch der jüngere meiner beiden Brüder Mönch geworden war. Bei diesem Kloster handelt es sich übrigens um das gleiche, aus dem Gesche Lündrup Söpa stammt.[11]

Zweimal habe ich mit meinem Vater im Winter das Kloster besucht. Wir hatten auf dem Markt in der nahegelegenen Ortschaft einige Dinge wie Wolle zu verkaufen und mußten Tsampa (geröstetes Gerstenmehl), weitere Nahrungsmittel, Soda und anderes einkaufen. Bei dieser Gelegenheit sah ich auf dem Dach des Klosters zwei Mönche mit den markanten gelben Hüten die langen Hörner blasen, um die Mönche zur Versammlung zu rufen. Ich erblickte viele eindrucksvolle Statuen und war überaus angetan von dem, was ich vom Klosterleben sah. Ich war von den vielen Opfergaben auf den Altären sehr beeindruckt. Es gab Tausende von Opferschalen, Räucherstäbchen und andere Gaben in großer Vielfalt. Ich dachte bei mir: »Es ist bestimmt sehr schön, ein Mönch zu sein. Ich möchte auch soviel lernen, ein großer Mann werden und eine große Menge an Opfergaben darbringen können. Wie schön wäre es, wenn ich das erreichen könnte.« In mir entstanden ein starkes Vertrauen und eine große Zuneigung zu dem, was ich sah.

Ganz anders als im Nomadenleben war hier alles sehr schön gestaltet, sehr sauber und gepflegt, alles hatte seine Ordnung. So sah ich zum Beispiel vom Dach des Klosters, wie sich die Mönche versammelten und wie der Mönchsdisziplinar *(dGe bkod)* in seinem eindrucksvollen Gewand mit den versteiften Schulterstücken für die Einhaltung der Ordnung und Disziplin sorgte. Ich sah die Mönche nach der Versammlung auseinandergehen, um sich gleich darauf wieder in dem umfriedeten Debattierhof einzufinden. Ich konnte beobachten, wie sie mit der Debatte anfingen und vernahm das Klatschen ihrer Hände, das entsteht, wenn sie sich gegenseitig zum Disput herausfordern. Da ich nicht wußte, was sich dort vor meinen Augen abspielte, fragte ich meinen Vater, was denn diese Mönche da taten. Mein Vater entgegnete nur: »Sie debattieren«, was auf Tibetisch »tag sal tong« *(tags bsal gtong)* heißt. Zunächst dachte ich, daß »tag« etwas mit dem hellen Klatschlaut zu tun haben müßte, der bei der Debatte zu hören ist. Ich war jedoch erst acht Jahre alt und verstand nicht, daß »tag« sich nicht auf das Klatschen bezieht, sondern »logisches Argument« bedeutet.

Die philosophische Debatte ist kein bloßer verbaler Schlagabtausch. Diskutiert wird, um mit dem Schwert der Weisheit die Unwissenheit als Wurzel aller Leiden zu zerschlagen.

Meine Eltern bemerkten mit der Zeit mein großes Interesse an den Schriften und an religiösen Dingen. Und da es für die meisten Familien, die drei und mehr Kinder besaßen, von Bedeutung war, daß eines davon in ein Kloster eintrat, besprachen sie sich untereinander und fragten mich eines Tages, ob ich nicht Mönch werden wolle. Ich war zu jener Zeit etwa zehn Jahre und erwiderte: »Ja, das würde ich wirklich sehr gerne werden.« So geschah es, daß ich bald darauf mit einem Bekannten, der Tsewang Norbu hieß, nach Lhasa reiste.

Im Kloster Sera: Das Mönchsleben beginnt

Frage: Wie kam es, daß Sie nicht in ein Kloster der näheren Umgebung, sondern in das weit entfernte Kloster Sera[12] bei Lhasa eintraten?

Geschela: Dieser Umstand hing mit dem soeben erwähnten Tsewang Norbu zusammen. Er gehörte der sehr einflußreichen Tehor Donyu Tsang-Familie

1942, im Alter von elf Jahren, wurde Geschela Novize in der Klosteruniversität Sera, wo zu jener Zeit circa 7.000 Mönche lebten.

an, die eigentlich aus Tehor Kham[13] in Osttibet stammte. Sie führte jedoch einen ausgedehnten Handel, zum Teil mit weit entfernten Gebieten wie der bereits erwähnten westtibetischen Provinz, in der sich der Berg Kailāś befindet. Sie zogen oft mit einem großen Troß umher und benötigten viele Helfer und Wegkundige. Mein Vater wurde, schon lange bevor ich geboren war, von dieser Familie eingestellt und blieb über viele Jahre hinweg in ihren Diensten. So gab es also eine Verbindung zwischen der Tehor Donyu Tsang-Familie und meinem Vater. Diese sehr wohlhabende Familie hatte darüber hinaus eine sehr enge Beziehung zu einer bestimmten Unterabteilung des Klosters Sera, dem sogenannten »Tehor Kangtsen«.[14] Bevor ich nun in das Sera-Kloster eintrat, wohnte ich noch einige Zeit bei der Tehor Donyu Tsang Familie.

Frage: Wie tritt man in ein Kloster ein? Welche Zeremonien werden abgehalten, und welche Regeln müssen beachtet werden?

Geschela: Bevor man in ein Kloster eintreten kann, muß zunächst ein persönlicher Lehrer gefunden werden. Dies ist meist ein älterer Mönch, der die Mönchsdisziplin einwandfrei kennt und der vor der Klostergemeinschaft den Eintritt des Anwärters befürwortet und sich für ihn verantwortlich erklärt. Dieser Lehrer sorgt auch für Unterkunft, Kleidung und Ernährung, vor allem aber für eine angemessene Ausbildung. Als »Zimmerlehrer« gibt er die Weisungen für den Alltag im Kloster. Er erklärt die Klosterregeln und ihre Bedeutung sowie das richtige Anlegen der Mönchskleidung, er lehrt das Lesen, das Schreiben und die Rezitation der Gebete und vieles mehr.

In meinem Fall gab es beim Auffinden eines solchen Lehrers keine Schwierigkeit, da ich von der genannten Familie unterstützt wurde und diese sehr gute Beziehungen zum Kloster und insbesondere zum Tehor Kangtsen unterhielt. So geschah es auch, daß ich nicht der Abteilung beitrat, der ich auf Grund meiner heimatlichen Zugehörigkeit eigentlich hätte zugeordnet werden müssen, sondern dem Tehor Kangtsen. Dies ist im strengen Sinne gegen die Tradition, und so kann es manchmal vorkommen, daß, im Falle der Überfüllung der eigenen Klasse, es einem nahegelegt wird, in die eigentlich zuständige Abteilung überzuwechseln, was mir persönlich jedoch niemals widerfuhr.

Es fand sich also ein erfahrener Mönch, der den ganzen Ablauf im Kloster mit seinen Reglementierungen gut kannte. Zusammen mit diesem älteren Mönch begab ich mich zum Abt des Klosters. Dabei war es Tradition, daß der Anwärter einen schmackhaften Buttertee, einen schneeweißen Katag[15] und einige tibetische Silbermünzen als Gaben mit sich führt. Mit diesen erlesenen Dingen ausgestattet, betrat ich den Raum des Abtes. Ich übergab die Geschenke und verneigte mich dreimal. Ich mußte unbedingt drei langgestreckte Niederwerfungen mit dem ganzen Körper verrichten – der mich begleitende Lehrer hingegen nur drei kürzere. So konnte der Abt überprüfen, ob ich die notwendigen körperlichen Befähigungen besaß oder in irgendeiner Weise behindert war. Diese Überprüfung ist wichtig, da derjenige, der durch Hören, Nachdenken und Meditation die Befreiung erreichen möchte, einen klaren Geist benötigt, der wiederum von einem gesunden Körper abhängig ist.

Anschließend stellte der Abt einige Fragen, die er teils an mich und teils an den älteren Mönch richtete. Hätte ich persönlich auf die Fragen geantwortet, die nicht an mich gerichtet waren, so wäre dies unangebracht gewesen. Andersherum wäre es nicht angemessen, hätte der Lehrer auf alle Fragen geantwortet. Der Abt erkundigte sich nach meiner Herkunft, nach meinem Alter und ähnlichem. Danach schnitt er mit einer Schere den letzten, noch nicht abrasierten Haarstrang ab, betupfte die Stelle mit gesegnetem Wasser, nahm einige Blütenblätter, die er zusammen mit den abgeschnittenen Haaren in die Luft warf und rezitierte dabei einen glücksverheißenden Vers.

Frage: Waren Sie sehr aufgeregt, als Sie zum Abt gingen?

Geschela: Ich war in großer Erwartung und schwankte zwischen den Empfindungen der Freude und der Ängstlichkeit hin und her. Ich hatte jedoch schon vorher viele Anweisungen und Ratschläge erhalten, besaß eine gute Portion Zuversicht und Selbstvertrauen und dachte bei mir, daß es sicherlich gut ausgehen würde, obwohl ich nicht genau wußte, wie ich es anstellen sollte. Als die Zeremonie abgeschlossen war, gingen wir in unsere Räumlichkeiten zurück, und so begann mein Klosterleben.

Ich blieb zunächst nur rund zwei Jahre in Sera. Während dieser Zeit lernte ich vornehmlich die wichtigsten Gebetstexte auswendig und übte deren Rezitation. Mit dem eigentlichen Studium begann ich erst später; denn mein Geist war noch nicht reif für die tiefgründigen Inhalte. Sonst nahm ich an all den Gebeten und Zusammenkünften der Klostergemeinschaft in den großen Versammlungshallen teil und trug natürlich auch die Mönchsroben, obwohl ich erst einige Zeit später zu einem Novizen *(dGe tshul,* Sanskrit *Śrāmaṇera)* ordiniert wurde. Wer in ein Kloster und damit in die Hauslosigkeit eintritt, erhält auch die Roben als ein äußeres Zeichen für seinen Lebenswandel.

Frage: Sahen Sie gelegentlich ihre Eltern während der ersten Jahre Ihres Aufenthaltes in Sera. Bekamen Sie materielle Unterstützung von ihnen? Haben Sie öfters an ihr früheres Zuhause gedacht?

Geschela: Mein Vater besuchte mich einige Male im Kloster, weil er manchmal nach Lhasa kam. Unser Heimatort lag nur eine Zehn-Tages-Reise entfernt. Öfters standen wir auch im Briefwechsel miteinander. Im übrigen hatte ich nur sehr selten Heimweh und erinnerte mich kaum an mein Zuhause. Nachdem ich rund zwei Jahre in Sera geblieben war, wechselte ich in das Dargyä-Kloster nach Osttibet über, und so lösten sich die noch bestehenden Verbindungen zu meiner Familie.

Im Kloster Dargyä: Die Lehren aus erster Hand

Frage: Wie kam es, daß Sie in ein so weit entferntes Kloster wie Dargyä überwechselten?
Geschela: Dies hatte verschiedene Gründe. Zum einen hatte ein guter Bekannter meines Vaters eine enge Verbindung zu diesem Kloster, zum anderen wurde ich von zwei etwas älteren Mönchen, die mit mir zusammen in einem Hause lebten, nicht sehr freundlich behandelt, so daß ich mich in Sera nicht recht wohlfühlte. Der Bekannte meines Vaters machte mir eines Tages den Vorschlag, mit ihm zusammen nach Kham im Osten Tibets zu reisen, um dort in das genannte Dargyä-Kloster eintreten zu können. So kam es, daß ich einige Zeit später mit ihm dorthin reiste. Ich trat jedoch nicht gleich in den Klosterverband ein, vielmehr verbrachte ich mehrere Monate bei der Familie des Bekannten und half während dieser Zeit bei einem Hausbau mit.
Frage: Können Sie ein wenig über das Kloster Dargyä und Ihre Ausbildung dort erzählen?
Geschela: Bei dem Kloster Dargyä handelte es sich um ein sogenanntes Heimat-Kloster. In Tibet gab es zwei Arten von Klöstern: die großen Klosteruniversitäten wie Drepung, Sera und Ganden in Zentraltibet, und die kleineren Heimat-Klöster in den anderen Provinzen. Zwischen diesen beiden Klosterformen bestanden große Unterschiede. In den Klosteruniversitäten war das Studium wesentlich intensiver, man studierte über viele Jahre hinweg, ohne vielen anderen Tätigkeiten nachgehen zu müssen. Natürlich gab es auch in den »Drei Säulen«, wie die drei Klosteruniversitäten genannt wurden, viele Mönche, die sich vorwiegend anderen Aufgaben und Arbeiten widmeten. Meist bemühte man sich jedoch, den Titel eines Gesche zu erlangen, und viele schlossen ihr langjähriges Studium mit diesem angesehenen Gelehrten-Titel ab. In den kleineren Klöstern konnte man zwar auch diese Auszeichnung erwerben, sie wurde aber nicht so hoch geschätzt wie die der Klosteruniversitäten, und dies war im übrigen auch nicht sehr häufig anzutreffen. Viele Mönche gingen deshalb zur speziellen Ausbildung nach Zentraltibet, um einem dieser großen Studienzentren beizutreten. Hier konnte man nach dem Abschluß einer der verschiedenen Gesche-Prüfungen auch seine Ausbildung fortsetzen und beispielsweise in ein Tantra-Kolleg[16] über-

Begegnung mit dem Meister: Zehn Jahre lang lebte Gesche Thubten Ngawang im Kloster Dargyä in Osttibet, wo er bei seinem Lehrer Dschampa Khedrup Rinpotsche studierte.

wechseln, um auf diesem Wege eventuell bis hin zum Oberhaupt der Gelug-Tradition, dem Ganden Tripa, aufsteigen zu können.

Ein anderer Unterschied bestand darin, daß in einem Kloster wie Dargyä die Verbindung zur Außenwelt wesentlich enger geknüpft war. Die Mönche dort gingen oft in die Nachbarschaft, um religiöse Aufgaben zu erfüllen. Dementsprechend waren die Regelungen innerhalb des Klosters meist nicht ganz so streng, wie es in Sera der Fall war. Allerdings verhielten sich die Mönche in den Heimat-Klöstern sehr diszipliniert und respektvoll, da sie meist aus der näheren Umgebung stammten und ihr Verhalten von ihren Bekannten und Verwandten geprüft werden konnte, im Gegensatz zu den Klosteruniversitäten, in die Mönche aus den verschiedensten Landesteilen kamen und für längere Zeit von ihrer Heimat getrennt waren.

Das Dargyä-Kloster nun besaß zwei Abteilungen, die jedoch nicht so klar voneinander getrennt waren, wie es in Sera der Fall war. Die tantrische Abteilung war meist mit der Durchführung von besonderen Ritualen beschäftigt. In der anderen Abteilung wurden hauptsächlich die regelmäßigen

Dschampa Khedrup Rinpotsche war einer der wichtigsten Lehrer Gesche Thubtens, der seinem Schüler gerade in der Anfangszeit die Essenz der Lehre vermittelte. Dschampa Khedrup kam Anfang der sechziger Jahre in der Folge chinesischer Gefangenschaft um.

Studien durchgeführt, die meist auf dem Debattierhof stattfanden. Als ich in das Kloster Dargyä eintrat, wurde Gesche Dschampa Khedrup mein Hauptlehrer. Ihm verdanke ich unendlich viel. Von ihm und einer Gemeinschaft anderer erfahrener Mönche erhielt ich die volle Ordination zu einem Bhikṣu[17] und auch die Bodhisattva-[18] und Tantra-Gelübde. Er war es, der die bisherigen Pläne, die ich mir für mein ganzes Leben gemacht hatte, völlig umwandelte.

Frage: War Gesche Dschampa Khedrup Rinpotsche ein großer Gelehrter?

Geschela: Dschampa Khedrup Rinpotsche war nicht nur ein großer Gelehrter, sondern besaß viele Qualitäten, die weit darüber hinausgingen. Meister gibt es ziemlich viele, er vereinigte jedoch drei außergewöhnliche Qualitäten in sich. Er war ein sogenannter »Khe Tsün Sang Sum«. Dies bedeutet, daß er nicht nur ein großer Gelehrter und Meister war, sondern auch sein Geisteskontinuum von allen Fehlern und Befleckungen gereinigt hatte und darüber hinaus seine Verwirklichungen, sein Wissen und seine Erfahrungen aus großem Mitgefühl an andere weitergab. Ein tibetisches Sprichwort sagt, daß man zu einem Meister oder Khepa *(mKhas pa)* wird, indem man vielen

Belehrungen zuhört. Wenn man auf der Grundlage dieser Gelehrsamkeit seinen Geist mit der Bedeutung der Lehre verquickt, wird man zu einem Edlen, auf Tibetisch »Tsünpa« *(brTsun pa)*. Versucht man mit den so erworbenen Fähigkeiten, allen Wesen auf jede nur erdenkliche Art und Weise zu helfen, so wird man zu einem Guten oder »Sangpo« *(bSang po)*.

Von Dschampa Khedrup Rinpotsche erhielt ich viele direkte und praktische Anleitungen aus dem großen Schatz der ununterbrochenen Überlieferungslinie von Meistern, die in Buddha Śākyamuni ihren Anfang hatte und sich bis hin zu Atiśa[19] in der langen Tradition indischer Gelehrter und Siddhas[20] fortsetzte. Von Atiśa nach Tibet überliefert, wurden sie in der alten und neuen Kadam-Tradition bis zum heutigen Tage weitergegeben. Gesche Dschampa Khedrup gab mir Belehrungen über den Stufenweg zur Erleuchtung *(Lam rim)*,[21] über viele Texte zur Geistesschulung, zum *Eintritt in das Leben zur Erleuchtung (Bodhisattvacaryāvatāra)* und zu anderen Schriften. Weiterhin erhielt ich von ihm viele Anweisungen und Initiationen zur Ausübung des Tantra. Ich selbst lernte viele bedeutende Texte auswendig wie den *Kommentar zu [Dignāgas »Kompendium] der Gültigen Erkenntnis« (Pramāṇavārtika)*, den *Eintritt in den Mittleren Weg (Madhyamakavatāra)* und den *Schmuck der Klaren Erkenntnis (Abhisamayālaṃkāra)*. Mit großem Enthusiasmus und viel Energie beschäftigte ich mich in diesen Jahren mit nichts anderem als mit dem Studieren, Debattieren und Meditieren der Schriften.

Am Anfang war ich meist nur an den Schriften und noch nicht so sehr an den tiefgründigen Inhalten interessiert. Ich strebte noch nicht nach Befreiung aus dem Daseinskreislauf, sondern dachte einfach, daß es von Nutzen wäre, die Bücher und Schriften verstehen zu können. Da ich aber sehr viele Belehrungen erhielt, insbesondere über den Stufenweg zur Erleuchtung, wurde mein Geist mehr und mehr gewandelt. Ich erkannte immer deutlicher, daß es ein großer Verlust sei, wenn man die Schriften nicht intensiv studierte. Ich wußte, daß ich den tiefen Gehalt der Lehre nur in mir aufnehmen konnte, wenn ich die Bedeutung der Schriften richtig verstand. Ich entwickelte in dieser Zeit eine ziemlich stabile Geisteshaltung der Entsagung. Ich wollte mein ganzes Leben dazu verwenden, die Inhalte der Lehre zu studieren, und ich fühlte, daß jeder ausgesetzte Studientag einen persönlichen Verlust für mich bedeuten würde.

Auf der Grundlage dieses Strebens war es nur folgerichtig, sich dem Mönchsleben ganz zu widmen. So wurde ich dann mit zwanzig Jahren in einer vollständig versammelten Gemeinschaft von meinem Meister Dschampa Khedrup Rinpotsche entsprechend der Mūlasarvāstivāda-Tradition zu einem vollordinierten Mönch, einem Bhikṣu, ordiniert.
Frage: War Gesche Rabten Rinpotsche[22] zu jener Zeit schon einer ihrer Lehrer, oder sind Sie ihm erst später begegnet?
Geschela: Gesche Rabten Rinpotsche studierte während dieser Zeit bereits im Kloster Sera. Ich wurde erst später, im Jahre 1956, sein Schüler.

Sera: »Die Zeit des Zögerns ist vorüber«

Frage: Wann und aus welchen Gründen gingen Sie wieder nach Sera zurück?
Geschela: Ich faßte meinen Entschluß vornehmlich auf Grund zweier Umstände. Zum einen war mein Gönner verstorben, der mich während meines Aufenthaltes im Kloster Dargyä unterstützt hatte. Zum anderen wollte ich die Schriften noch intensiver und präziser studieren. Ich hatte bereits die genannten Unterschiede zwischen den Klosteruniversitäten und einem Kloster wie Dargyä kennengelernt, deshalb empfand ich meine bisherigen Studien für nicht ausreichend. Ich dachte bei mir, daß es besser wäre, die Ausbildung im Kloster Sera zu einem Abschluß zu bringen und wollte auf den Titel eines Gesches hinarbeiten. Ich war zu dieser Zeit etwa 23 Jahre alt.
Frage: Hatte ihr damaliger Lehrer Dschampa Khedrup Rinpotsche nichts gegen ihren Entschluß einzuwenden?
Geschela: Ganz im Gegenteil. Ich hatte ihn bereits einige Zeit vor meiner eigentlichen Abreise um Erlaubnis gebeten, die ich auch erhielt. Als er mich dann einige Zeit später noch im Kloster antraf, fragte er mich, was ich denn immer noch hier warten würde. Er sagte mit strenger Miene: »Die Zeit deines Zögerns ist nun vorüber. Es gibt keinen Grund mehr für dich, länger hier zu bleiben.« Und so machte ich mich auf den langen Weg zurück nach Zentraltibet, um wieder ins Kloster Sera einzutreten.
Frage: Wie und auf welchem Wege kehrten Sie nach Zentraltibet zurück?
Geschela: Für mich war es nicht sehr beschwerlich, wieder nach Ü Tsang (Zentraltibet) zurückzukehren; denn es bot sich mir die Gelegenheit, von der Stadt Kandse, die in der Nähe des Klosters Dargyä liegt, mit einem

chinesischen Bus nach Tschamdo *(Chab mdo)*, der Provinzhauptstadt von Amdo, zu fahren. In Tschamdo blieb ich rund drei Wochen bei einem Bekannten, der mich zuvor und auch später finanziell unterstützte.

Von Tschamdo aus fuhr ich dann mit einem Lastwagen die ganze Strecke bis nach Lhasa. Für mich war die Reise im Vergleich zu der Gesche Rabten Rinpotsches, der wie viele andere Mönche auch Jahre zuvor den beschwerlichen und weiten Weg zu Fuß und unter großen Gefahren bewältigen mußte, wesentlich einfacher und bequemer. Früher benötigten Reisende zur Bewältigung dieser Strecke fast ein halbes Jahr, ich hingegen nur einige Wochen. Das erklärt sich daraus, daß inzwischen die chinesische Armee in Osttibet einmarschiert war. Mit der Armee kamen auch viele Zivilisten, für die Busverbindungen eingerichtet wurden. Tibeter durften anfänglich, als die Beziehungen zwischen Tibetern und Chinesen noch nicht so gespannt waren, diese Busse gegen entsprechende Bezahlung und Vorlage von Bescheinigungen benutzen. Die Chinesen verkündeten zunächst immer wieder, daß sie ins Land gekommen seien, um den Tibetern zu helfen. Mit der Zeit stellte sich jedoch heraus, daß sie mit allen Mitteln die Macht zu erlangen suchten.

Frage: Hatte Ihre Rückkehr nach Zentraltibet auch etwas mit dem bereits 1949 begonnenen Eindringen der Chinesen nach Osttibet und den darauf einsetzenden Unruhen und Aufständen zu tun?

Geschela: Nein, nein! Dies spielte für mich damals keine Rolle. Ausschlaggebend waren für mich rein religiöse Überlegungen. Allerdings entstanden mir und den anderen Mönchen des Dargyä-Klosters immer mehr Zweifel und Sorgen darüber, ob man auch in Zukunft sein Leben wie bisher weiterführen könnte. Bereits damals kam es vor, daß sich kleine Gruppen von meist jungen Mönchen zusammenschlossen, um sich auf den Weg nach Zentraltibet zu machen, wohin die Chinesen noch nicht vorgedrungen waren.

Frage: Setzten denn damals schon die Zerstörung von Klöstern und die Unterdrückung der Religion ein?

Geschela: Schon zum damaligen Zeitpunkt setzten sich einzelne Klöster gegen die zunehmende Einflußnahme der Chinesen zur Wehr, und infolgedessen kam es zu Repressalien und manchmal zur Zerstörung von Klöstern. Dies geschah zum Beispiel einem Kloster, das sich ganz in der Nähe von Dartsedo befand.

Gesche Rabten, der mit enormer Entschlossenheit seine religiöse Ausbildung in Sera absolvierte, war später Gesche Thubtens Hauptlehrer. Auf Bitten des Dalai Lama, dessen persönlicher Berater er war, unterrichtete Gesche Rabten auch viele westliche Schüler.

Frage: Haben Sie auf ihrer Reise Gelegenheit gefunden, andere Klöster oder heilige Stätten aufzusuchen?
Geschela: Während ich einige Wochen in Tschamdo verbrachte, konnte ich das in der Nähe gelegene Tschamdo Tsänyi Dratsang *(Chab mdo mtshan nyid gra tshang)* aufsuchen. Ansonsten bin ich auf meiner Reise nur zu sehr wenigen heiligen Stätten gelangt. Es war nicht mein Plan, viele Orte aufzusuchen oder gar eine ausführliche Pilgerschaft zu unternehmen. Ich war jung und wollte unbedingt weiter studieren. Wenn man als junger Mönch die Wahl hat zwischen Pilgerschaft und Studium, dann ist das Studium zweifellos vorzuziehen. Allgemein war es in Tibet traditionell nicht üblich, schon in jungen Jahren eine Pilgerreise zu unternehmen; und daher wird ein junger Tibeter es auch nicht für angebracht halten, viel umherzureisen, um Pilgerstätten zu besuchen. Vielmehr wird er versuchen, die Kraft und Gesundheit seines Körpers für das Studium oder andere Vorhaben einzusetzen. Ist er dann vielleicht vierzig oder fünfzig Jahre alt, wird er sich sagen: Mein Körper ist noch in recht guter Form; jetzt ist die Zeit gekommen, in der ich mich zu den heiligen Plätzen aufmachen sollte.

Frage: Dann traten Sie also zum zweiten Male in das Kloster Sera ein. Können Sie ein wenig über ihre Zeit dort berichten?
Geschela: Ja, ich erreichte bald darauf Lhasa und verbrachte dann die nächsten zwei Jahre in Sera. In dieser Zeit wurde ich auch der Schüler von Gesche Rabten Rinpotsche. Das war im Jahr 1956. Mein Lehrer im Dargyä-Kloster, der große Meister Dschampa Khedrup Rinpotsche, hatte mir den Ratschlag erteilt, mich an Gesche Rabten zu halten, wenn ich nach Sera käme.

Studienzeit im Kloster Sera

Frage: Welchen Studien sind Sie in der darauffolgenden Zeit nachgegangen? Wie gestaltete sich ein Studientag?
Geschela: Es ist unmöglich, dies im einzelnen zu beschreiben. Das Studium war sehr intensiv, und wir lernten eine Fülle von Texten. Entsprechend den Vinaya-Regeln[23] standen wir schon vor dem Morgengrauen auf; es mag vielleicht vier Uhr gewesen sein. Spätestens beim Morgengrauen mußte jeder aufgestanden sein und sich gegebenenfalls bei den morgendlichen Versammlungen eingefunden haben. Um dies zu überprüfen gab es in jedem Haus einen sogenannten Schag Trungwa *(Shag dkrung ba)*, einen Zimmerwächter, der in den einzelnen Räumen die Aufsicht führte. Während schon vor Sonnenaufgang ein Mönch einen Lobpreis an Buddha vom Dach des Haupttempels rezitierte und mit einem großen Gebetskranz auf eines der metallenen, runden Siegeszeichen schlug, war der Zimmerwächter für das Wecken im Hause verantwortlich.

Da streng genommen jeder Mönch im Kloster sich zu den morgendlichen Gebeten in den großen Versammlungshallen einfinden sollte, fragte der Zimmerwächter nach dem Grund, wenn man dies versäumte. Meist war es so, daß die älteren Studenten nicht immer zu den Morgengebeten gingen, um für das Auswendiglernen, Lesen und Studieren der Texte mehr Zeit zu haben. Sie wuschen sich kurz, aßen ein wenig Tsampa und tranken einen Tee, soweit sie es sich leisten konnten. Danach begannen sie sofort mit dem Studium.

Für junge Mönche und solche, die keinen so großen Enthusiasmus für das Studium der Schriften aufbringen konnten, war es üblich, schon vor und nach den morgendlichen Gebeten etwa eine halbe Stunde lang Verneigun-

Die ersten Jahre im Kloster verbringen die jungen Ordinierten hauptsächlich damit, lesen und schreiben zu lernen und die großen Schriften auswendig zu lernen, die sie später eingehend studieren werden.

gen durchzuführen und den Buddha-Statuen und anderen heiligen Objekten Verehrung zu erweisen. Um den Geist von schlechten Eindrücken zu reinigen, gute Anlagen zu setzen und damit äußere und innere Hindernisse zu beseitigen, rezitierten die Mönche dabei das *Sūtra der drei Anhäufungen* (Tib. *Phung po gsum pa'i mdo*).

Die fortgeschrittenen Studenten und Gesches gingen, bevor sie sich in der Reihenfolge ihres Ranges oder Ordinationsdatums in langer Reihe klassenweise niedersetzten, mit respektvoll gefalteten Händen an den Bildnissen im Tempel vorbei, um so den Buddhas, Gottheiten und Meistern der Vergangenheit zu huldigen. Nachdem sich alle versammelt hatten, begannen die Morgengebete. Dabei wurde für alle Mönche Buttertee ausgeschenkt.

Kurz nach der Morgenandacht, die etwa eineinhalb Stunden dauerte, versammelte man sich zur Debatte. Bei den Debatten unterscheidet man unter anderem zwei verschiedene Formen: Die eine findet auf einem gesonderten Hof, dem sogenannten Debattierhof oder »Tschöra« *(Chos ra)*, statt und die andere irgendwo außerhalb dessen. Auf dem Debattierhof befand sich auch ein besonderer Sitz für den Abt, der vornehmlich speziellen Anlässen beiwohnte. In den größeren Kollegs der Klosteruniversitäten gab es etwa dreizehn verschiedene Klassen, von denen die Lharampa-Klasse die höchste war. Entsprechend der Zugehörigkeit ihrer Klasse setzten sich die Mönche in strikter Ordnung nieder. Die Mönche der höchsten Klasse saßen dem Abt und den anderen Meistern am nächsten. Dahinter folgten die Mönche der zweithöchsten Klasse und so weiter.

Im allgemeinen gibt es verschiedene Arten, wie man miteinander debattiert. Gewöhnlicherweise findet man sich zu Beginn in Zweiergruppen zusammen und diskutiert ein Thema, wobei abwechselnd ein Mönch sitzt und der andere steht. Dabei stellt der stehende Student als Herausforderer dem sitzenden Verteidiger spezielle Fragen. Diese Form der Debatte wird eine halbe Stunde lang praktiziert. Dann kommt man zu Gruppendebatten zusammen, an denen sich die ganze Klasse beteiligt. Einer der besseren Studenten setzt sich in die Mitte und muß Antworten auf die Fragen eines anderen geben, der vor ihm steht und ihn mit bestimmten Hand- und Körpergesten herausfordert. Die anderen sitzen wie Zeugen im Kreis und hören aufmerksam zu, was gefragt und geantwortet wird, welche Behauptungen aufgestellt und wie sie begründet, bekräftigt oder widerlegt werden, ob sie mit den Schriften übereinstimmen oder nicht. Wenn sie feststellen, daß der Antwortende ins Stocken gerät, dann unterstützen sie ihn. Stellt der Herausfordernde seine Fragen nicht präzise genug, indem er es zum Beispiel unterläßt, die gegebenen Antworten weiter zu hinterfragen oder unklare Punkte herauszustellen, so greifen sie ein und helfen diesem weiter oder übernehmen gegebenenfalls seine Rolle. Die Aufgabe der Klasse besteht also nicht einfach darin, zuzuhören, sondern durch gezielte Beiträge die Diskussion zu intensivieren und zu vertiefen. Diese Art der Debatte dauert etwa eine Stunde.

Dann versammeln sich die Mönche in der entsprechenden »Dukang«, der Versammlungshalle der verschiedenen Klosterabteilungen, und rezitieren gemeinsam die großen Werke, die sie studieren. Anschließend werden noch Gebete an die Göttin Tārā gerichtet und das *Herzsūtra*[24] gesprochen. Dabei wird wieder Tee ausgegeben – je nach Gönner Buttertee oder einfacher

Die philosophische Debatte ist ein wichtiger Teil der klösterlichen Ausbildung. Sie ist eine Form der analytischen Meditation und dient dazu, ein klares und tiefes Verständnis der Lehre zu gewinnen.

Schwarztee. Die meisten Mönche tragen immer einen kleinen Beutel Tsampa bei sich, von dem sie in den Andachtspausen oft etwas mit dem Tee zu einem Teig vermengen und essen. Nach dieser Versammlung widmen sich die Mönche noch einmal eine halbe Stunde der Debatte. An manchen Tagen gibt der Abt anstatt der Debatten längere Unterweisungen über die Meditation des Stufenwegs zur Erleuchtung oder andere wichtige Anweisungen zum Klosterleben und zur Übung des Dharma, der Lehre des Buddha.

In der Mittagszeit versammeln sich die Mönche meist im Tempel des eigenen Kangtsen. Eine große Klosteruniversität wie Sera ist in verschiedene solche Abteilungen gegliedert, von der jede ihren eigenen Versammlungstempel hat. Der größte Tempel, der sogenannte »Tsug Lhakang«, wird von allen Mönchen des Klosters gemeinsam benutzt und dient den großen Versammlungen, wie beispielsweise den genannten morgendlichen Gebeten. Die nächste Unterabteilung wird also von den bereits erwähnten Kollegs oder »Dratsang« *(Grwa tshang)* gebildet, von denen es in Sera drei gab: Dsche *(Byas)*, Me *(sMad)* und Ngagpa *(Ngag pa)*. Heute im Exil existieren jedoch nur noch zwei, nämlich Sera Dsche und Me. Jedes Kolleg teilt sich wiederum in verschiedene Regionalabteilungen, sogenannte »Kangtsen« *(Kang tshan)* auf, die in der Regel von Mönchen eines bestimmten Landesteils bewohnt werden. Diese Kangsten bestehen meist aus mehreren Häusern.

Früher in Tibet gab es beim Mittagsgebet im Tempel des eigenen Kangtsen meist eine Suppe und Tee, und man konnte dazu noch etwas vom eigenen Tsampa essen. So brauchte man kein weiteres Mittagessen zuzubereiten. In den Klöstern Tibets machte man sich nicht viel Arbeit mit der Zubereitung des Essens. Wenn die Gebetsversammlung am Mittag nicht zulange dauerte, blieb noch eine Viertelstunde Mittagspause, während der man sich ein wenig ausruhen oder auch kleinere Einkäufe erledigen konnte. Danach folgte wieder die Debatte, die bis zum Abend andauerte.

Am Abend traf man sich nochmals zum gemeinsamen Gebet *(Zhabs brtan)*, etwa dem Lobpreis der Göttin Tārā. Diese weibliche Verkörperung der spontanen, vielfältigen Heilsaktivität aller Buddhas wird von allen gläubigen Tibetern mit tiefer Hingabe verehrt und in allen Lebenslagen um ihren segensreichen Einfluß gebeten. Nach den Gebeten fand eine sehr lange Debatte statt, bei der zuerst der zu klärende Grundtext mit seinen Gliederungspunkten vorgetragen wurde. Manchmal dauerte es sehr lange, bis eine lebhafte Diskussion entstand; war sie jedoch erst einmal entfacht, wurde oft die ganze Nacht hindurch debattiert.

Eine Redensart der Mönche besagt, daß eine gute Debatte einem dicken Baumstamm gleicht: Zu Beginn ist er schwer in Brand zu setzen, in der Mitte brennt er mit großer Hitze und am Ende ist er schwer zu löschen. Solche Debatten sind äußerst hilfreich für ein tiefes Verständnis der Lehre Buddhas, sogar dann, wenn man gar nicht aktiv beteiligt ist, sondern nur aufmerksam zuhört. Nicht nur die Schüler einer Klasse diskutierten miteinander, sondern oft wurden auch ältere Mönche um ihre Meinung gebeten; meist war auch der eigene Lehrer anwesend. Daher ist es in den Monaten, in denen viel debattiert wird, nicht nötig, noch zusätzlichen Unterricht zu erhalten.

Wenn ein solcher Studientag zu Ende geht und man wieder in seinem eigenen Zimmer sitzt, läßt man die Stunden seit dem Erwachen noch einmal vor dem geistigen Auge vorüberziehen. Man liest noch einmal die Textpassagen, die man tagsüber studiert hat, überdenkt in Ruhe das Erlernte und die wichtigen, vielleicht noch unklaren Punkte, die während der Diskussion aufgetreten sind, und schaut auch in die Schriften, um Textstellen zu den schwierigen Punkten zu finden. Schläft man dann mit Gedanken an die Bedeutung der Schriften ein, wird der gesamte Schlaf positiv beeinflußt und somit zu etwas Heilsamen.

Dies ist der übliche Tagesablauf bis zum Ende der Studien, die mit dem Gesche-Titel abschließen.

In der Winterzeit war es in Tibet ziemlich kalt; die Debatten fanden dennoch draußen und nicht etwa in einem Gebäude statt. Man saß ohne Kissen auf dem nackten Boden. Einige konnten die Kälte nur aushalten, indem sie gleich zwei Mönchsmäntel oder zwei dicke Obergewänder übereinander trugen. Manchmal machte den Mönchen auch der Regen zu schaffen. Die Klosterregeln besagen, daß die Debatte erst dann in den nahegelegenen Tempel verlegt werden dürfen, wenn das Regenwasser in den Regenrinnen am Boden sichtbar abläuft. Solange der Regen aber nicht so stark ist, muß man ihn mit Geduld ertragen, und die Debatte darf nicht unterbrochen werden. Manchmal fiel der Regen jedoch in so kurzen Schauern, daß die Kleidung zwar völlig durchnäßt war, aber doch nicht genug Niederschlag fiel, um das Wasser in den Rinnen fließen zu lassen.

Während der gut einmonatigen Studienpausen mußte man nicht unbedingt im Kloster bleiben. Ein Mönch, der die Studientexte besonders gut lernen wollte, konnte sich mit ausreichend Tsampa versorgen und in eine der nahegelegenen Einsiedeleien in den Bergen gehen, um sich dort eine Unterkunft zu mieten.

Von Zeit zu Zeit erholte man sich beim Spaziergang über nahegelegene Bergwiesen, umwandelte Reliquienschreine und Tempel. Bis zum Abend las man dann wieder in den Schriften oder wiederholte das neu Auswendiggelernte. Am Abend schließlich rezitierte man möglichst viele der gelernten Schriften. In diesen Debattierpausen konnte man auch Meditationsklausuren durchführen. Mein Lehrer Dschampa Khedrup Rinpotsche berichtete uns, wie hilfreich für sein Studium eine mehrwöchige Meditationsklausur über die Meditationsgottheit Yamāntaka, eine bestimmte Manifestation von Mañjuśrī, der Verkörperung der Weisheit aller Buddhas, gewesen war, die er auf Anraten seines Lehrers durchgeführt hatte, als eine Krankheit sein Studium zu behindern drohte. Solche Klausuren fördern zum einen das Verständnis der tiefgründigen Studieninhalte, zum anderen dienen sie dazu, Hindernisse aufzulösen. In den Debattierpausen bestand auch Gelegenheit, andere Klöster zu besuchen, oder, falls man aus der Gegend um Lhasa stammte, Verwandte zu treffen. In den Ferien war all dies erlaubt, die Regeln des Klosters waren dann nicht so streng. Während der Studien- und Debattiermonate wurde es in den Klosteruniversitäten aber nicht gern gesehen, wenn der Mönch seine Studien und die regelmäßigen Debatten vernachlässigte, um zum Beispiel außerhalb des Klosters Verwandte zu treffen. Selbst wenn er um Erlaubnis bat, wurde sie ihm nicht gegeben. Dies galt besonders für die Mönche, die der intensiven philosophischen Ausbildung folgten und später den Titel eines Gesche erwerben wollten.

Von meiner Rückkehr aus Osttibet bis zu meiner Flucht blieb ich etwas länger als zwei Jahre im Kloster Sera. Während dieser Zeit erhielt ich neben meinem intensiven Studium von großen Meistern wie Kyabdsche Tridschang Rinpotsche[25] zusätzliche Belehrungen über den Stufenweg zur Erleuchtung und mehrere tantrische Einweihungen mit den entsprechenden Erklärungen wie Guhyasamāja, Yamāntaka, Cakrasaṃvara und eine spezielle Form von Vairocana, die auf Tibetisch »Künrig Nampa Nangdsä« *(Kun rig rnam pa snang mdzad)* heißt. Diese Belehrungen und Einweihungen fanden bis auf die Guhyasamāja-Einweihung nicht im Kloster selbst statt, sondern meist in der Nähe des sogenannten »Korlam« *(sKor lam)*, der äußeren Umwandlungsstraße von Lhasa. Einmal, um das Jahr 1958, gab Kyabdsche Tridschang Rinpotsche auch besondere Belehrungen über das *Guru Yoga der Götterscharen von Tuṣita*, die von Gesche Ugyen Rinpotsche[26] initiiert und gefördert wurden. Von Seiner Heiligkeit dem Dalai Lama erhielt ich in Lhasa eine Kālacakra-Einweihung und Belehrungen zu einem Lamrim-Text, »Nyamgur« *(Nyams mgur)* auf Tibetisch, der einen Gesang über die spirituellen Erfahrungen auf dem Pfad zur Erleuchtung beschreibt.[27] Schon früher, als S.H. der Dalai Lama auf der Hin- und Rückreise nach China in dem

Kloster Dargyä Station machte, erhielt ich von Seiner Heiligkeit eine Avalokiteśvara-Einweihung und kurze Erklärungen zum Lamrim.

In den zwei Jahren, die ich im Kloster Sera verbrachte, studierte ich vor allem jedoch die Philosophie der Madhyamaka-Lehrmeinung[28] und die Lehren über die Vollkommenheiten *(pāramitā)*.[29] Dabei stellt die Prāsaṅgika-Lehrmeinung innerhalb der zwei Unterschulen der Madhyamaka-Philosophie die letztgültige Wirklichkeit so dar, wie es den Gedanken des Buddha entspricht. Die anderen buddhistischen Lehrsysteme bieten hingegen noch nicht die genaueste Darstellung, sondern müssen als vorläufige, der Interpretation bedürftige Beschreibungen der Realität angesehen werden.

Während des Studiums dieser Philosophie wird an zwölf oder dreizehn Tagen eines jeden Monats die ganze Nacht hindurch debattiert. Man muß mit der höheren Mādhyamika-Klasse debattieren, die diesen Studienabschnitt bald beendet hat. Ein älterer Mönch, der im Ruf steht, dieses Thema gut zu beherrschen, setzt sich dabei in die Mitte und muß die Fragen und Herausforderungen aller anderen Studenten beurteilen und beantworten. Dann werden die Rollen vertauscht, und ein Student der jüngeren Klasse muß auf die Fragen der älteren Studenten antworten. Bei diesen Gelegenheiten werden die schwierigen Punkte der tiefgründigen Madhyamaka-Ansicht sehr intensiv diskutiert.

Im Studienabschnitt über die Vollkommenheiten wird unter anderem die zweite Unterschule der Madhyamaka-Philosophie, die Svātantrika-Mādhyamika, studiert. Auch hier gibt es Debatten, welche die ganze Nacht lang andauern. Allerdings debattieren die Studenten nicht mit anderen Klassen, sondern nur unter sich. Die nächtlichen Diskussionen dieser beiden ungewöhnlichen Klassen dürfen erst beim Aufruf zur allmorgendlichen Versammlung beendet werden. In dieser Weise studierten wir also bis zum Jahre 1959, als der Volksaufstand gegen die Chinesen ausbrach und viele der Mönche nach Indien flohen.

1959 – aus Tibet vertrieben

Frage: Hatten Sie sich in der Zeit vor ihrer Flucht schon viele Sorgen über die politischen Entwicklungen in Tibet gemacht, oder hörte man im Kloster nur wenig von dem, was außerhalb geschah?
Geschela: Sicher haben wir im Kloster die Entwicklungen verfolgt, und einige von uns dachten darüber nach, wohin man fliehen könnte. Schon im Jahr zuvor waren bereits einige Mönche nach Indien gegangen. Bei ihnen handelte es sich vornehmlich um Mönche, die aus Osttibet vertrieben oder geflohen waren und die genügend Erfahrung mit den chinesischen Besatzungstruppen gesammelt hatten. Es gab jedoch andere Mönche, die meinten, es wäre ausreichend, wenn man genügend Wasser- und Tsampa-Vorräte anlegen würde, um so bei den Unruhen die Versorgung gewährleisten zu können. Wiederum andere beabsichtigten, sich in den Einsiedeleien in den Bergen oberhalb ·Seras zu verstecken, und sammelten zu diesem Zweck möglichst viel Tsampa und andere Vorräte.

Da S.H. der Dalai Lama jedoch schon während des Volksaufstands aus dem Norbu Lingka, dem Sommerpalast, geflohen war, um ein weiteres Blutvergießen zu vermeiden, hielten es die meisten Mönche dann doch für ratsam, ihm ins indische Exil zu folgen. Viele sagten: »Wir gehen jetzt und werden indische Mönche! Hier in Tibet gibt es keinen Platz mehr für uns. Wenn wir auf dem Weg nach Indien nicht von den Chinesen erschossen werden, gehen wir dort auf Almosengang.« Gesche Kayang, der vor einigen Jahren im Schweizer Exil starb, tat sich dabei besonders hervor. Er sagte: »Jetzt ist es besser, nach Indien zu gehen, um dort als Mönch zu leben. Hier in Tibet kann man nicht mehr lange Mönch sein. Und da Seine Heiligkeit der Dalai Lama vorausgegangen ist, werden die Bedingungen für uns sicher nicht schlecht sein.« Ich selbst dachte bei mir, daß diese Auffassung nicht unrealistisch sei. Allerdings konnte ich mir nicht vorstellen, daß man in Indien so intensiv studieren könnte, wie es bisher in Tibet der Fall gewesen war. Sicherlich wäre es unmöglich, dort die Gesche-Prüfung abzulegen. Schließlich herrschten in Indien vollkommen andere Lebensumstände; die Sprache, das ganze System und die Traditionen waren anders.

Paradoxien des Abhängigen Entstehens: Die Tibeter mußten aus ihrem Land fliehen, dadurch konnte sich die edle Lehre im Westen ausbreiten.

Frage: Hatten Sie denn irgendeine Vorstellung von dem, was Sie in Indien erwarten würde? Was wußten Sie über die Lebensbedingungen dort?
Geschela: Viel wußten wir nicht. Für uns war Indien das Land, in dem der Buddha gelebt hatte und das mit seinen heiligen Stätten einen besonderen Segen trug. Auch wußten wir, daß es verschiedene Formen der religiösen Praxis gab und daß es nicht unmöglich sei, von Almosen zu leben. Wir hegten deshalb die Hoffnung, weiterhin ein religiöses Leben führen zu können, eventuell sogar wieder im Klosterverband.

Flucht über den Himalaya

Frage: Sind Sie zusammen mit anderen Tibetern geflohen? Und blieben viele Mönche in Sera zurück? Hatten Sie etwas von ihren Verwandten gehört?
Geschela: Ich floh zusammen mit anderen Mönchen wie dem oben genannten Gesche Kayang. Einige Mönche sorgten sich sehr um ihre Eltern und

andere Verwandte und machten sich auf, sie zu finden. Auf der Flucht trafen wir daher einige Mönche, die mit ihrer gesamten Familie nach Indien entkommen wollten. Ich hatte jedoch seit vielen Jahren keine Verbindung mehr zu meinen Eltern und Geschwistern und floh, um in Indien weiter als Mönch leben zu können. Schon vorher war mir klar geworden, daß ich meinen Verwandten und all den anderen Lebewesen nur dann wirklich von Nutzen sein könnte, wenn ich meinen Geist schulen und weiter entwickeln würde. Auch hatte ich von meinem Lehrer Dschampa Khedrup Rinpotsche die Anweisung erhalten, lieber täglich intensiv zu studieren und für meine Eltern zu beten, anstatt eine enge Verbindung zu ihnen zu suchen; denn das würde viel Zeit und Ablenkung mit sich bringen. Könnte ich bei der Verwirklichung der Lehre echte Fortschritte erlangen, wäre meinen Eltern damit mehr geholfen; denn ohne die entsprechenden Erkenntnisse und Fähigkeiten blieben selbst die kurzen Momente, in denen man sich für andere einsetzt, ohne anhaltende Wirkungen. Aufgrund der Gesetzmäßigkeit von Ursache und Wirkung würden sich auf lange Sicht bessere Resultate einstellen, wenn man sich ganz auf die Ausübung der Lehre konzentrierte.

Aber zurück zu der Flucht nach Indien. Da wir den beschwerlichen Weg fast alle zu Fuß zurücklegen mußten, waren wir länger als einen ganzen Monat unterwegs. Oft waren wir sehr erschöpft und mußten viele Pausen einlegen. Besonders die kleinen Mönchsnovizen hatten es sehr schwer; denn sie waren körperlich schwächer und konnten nicht so schnell gehen. Wir trafen auf sehr viele andere Flüchtlinge, die ebenfalls zu Fuß oder mit Pferden unterwegs waren. Viele Tibeter kamen auf der Flucht ums Leben. Entlang den Pfaden sah man auch viele verendete Pferde und andere Reit- und Lasttiere.

Frage: Sind Sie während der Flucht auf Chinesen getroffen?

Geschela: Einmal trafen wir auf chinesische Soldaten. Zu der Zeit war ich jedoch nur noch mit zwei anderen Mönchen zusammen. Dies war hoch in den Bergen und zur Winterzeit. Es war sehr, sehr kalt und hatte stark geschneit. Und wenn es bitter kalt war, dann litten die Chinesen besonders stark; denn sie waren unser Klima nicht gewohnt und deshalb nicht sehr beweglich und aufmerksam, was unser Glück war. Wir befanden uns gerade in einem Tal, durch das ein nur etwa sieben Meter breiter Weg führte. Die Chinesen kamen genau auf uns zu, hatten uns jedoch zum Glück noch nicht gesehen. Zufällig wuchsen hohe Grasstauden einige Meter vom Weg entfernt. Wir konnten uns dort verbergen, indem wir uns zwischen ihnen in den Schnee legten. Es waren etwa 60 bis 70 chinesische Soldaten, die ihre Pferde am Zügel führten. Sie gingen direkt an uns vorbei. Zwischen den Grashalmen hindurchschauend sahen wir genau ihre Gewehre. Alle schritten sie nacheinander an uns vorbei, ohne daß einer von ihnen uns gesehen hätte. In einiger Entfernung jedoch hielten sie an, um sich auszuruhen. Wir sahen, wie sie Zigaretten rauchten. Sie machten dort etwa eine halbe Stunde Rast. Wir mußten die ganze Zeit über in dem eisigen Schnee liegen und durften uns nicht bewegen. Ich war kurz davor aufzustehen, weil ich die Kälte nicht mehr ertragen konnte. Mir war jedoch klar, daß uns dann die Chinesen entdeckt hätten und wir mit Sicherheit von ihnen gefangengenommen oder umgebracht worden wären. Als sie dann endlich mit ihren Pferden weiterzogen, konnten wir uns kaum erheben, so sehr waren wir steifgefroren.

Frage: Hatten denn die Chinesen vorher schon Mönche aus Sera getötet?

Geschela: Die Chinesen hatten einige Mönche, die sich verteidigt oder an dem Aufstand beteiligt hatten, getötet und die großen Klöster wie Drepung und Sera mit Kanonen beschossen. Hierbei fanden viele Mönche den Tod; auch wurden viele Häuser zerstört. Oberhalb Seras gab es eine berühmte Bergeinsiedelei, in der vor einigen Jahrhunderten Tsongkapa[30] gelebt hatte, um einen Text zu verfassen. Aber auch diese Einsiedelei nahmen sie unter Beschuß und zerstörten sie. Erst hatten wir versucht, einige Schutzlöcher auszuheben. Dies half jedoch wenig; denn jedes Geschoß, ganz gleich, ob es direkt oder nur auf ein Haus oder eine Mauer traf, ließ viele Steinsplitter durch die Luft fliegen, wodurch viele Mönche verwundet oder getötet wurden. Die meisten von uns flohen kurz nach Ausbruch der Schießereien in die Berge. Ich selbst und Gesche Rabten Rinpotsche gehörten auch dazu und haben deshalb die weiteren Vorgänge nicht mehr direkt beobachten können.

»Ein Strom von Tropfen des Kühlung spendenden Mondlichts«

Ein Ratschlag, der hilft, die widrigen Umstände in den Pfad zu wandeln und dadurch die Leiden des Geistes zu vertreiben.

von Dschampa Khedrup Rinpotsche

Diesen Lehrgesang verfaßte Dschampa Khedrup Rinpotsche auf Bitten seiner Schüler, die durch den Einmarsch und das brutale Vorgehen der chinesischen Truppen zutiefst beunruhigt waren. Viele Mönche des Dargyä-Klosters in Kham (Osttibet), dem Dschampa Khedrup als Abt vorstand, wußten nicht mehr, wie sie in dieser heiklen Situation ihren Geist schulen sollten. Etliche waren dermaßen aufgebracht, daß sie Gefahr liefen, ihre Geduld und ihr Mitgefühl mit den Chinesen zu verlieren. Einige fragten ihren Meister sogar, ob nicht jetzt der Zeitpunkt gekommen wäre, den Invasoren Widerstand zu leisten. Um seinen Schülern spirituell beizustehen und ihnen eine Orientierung zu geben, schrieb Meister Dschampa Khedrup Rinpotsche folgenden Lehrgesang:

Namo Guru; Verehrung dem Geistigen Lehrer.

Allesdurchdringender Herr, Essenz der großen Glückseligkeit, [Vajradhara Pabongka Detschen Nyingpo[31]], du bist die eine Form, in der alle Zufluchten der drei Zeiten vereint sind; vor dir verneige ich mich mit einem Geist des Respekts und höchsten Vertrauens.

Was zu üben ist, ergibt sich daraus, daß man alle Worte des Siegers [Buddha Śākyamuni] und die Kommentare als Anweisung zur persönlichen Übung erkennt. Und obgleich ich nicht einen Bruchteil eines Ratschlages für die Übung niederschreiben könnte, der nicht darin enthalten wäre, werde ich mich entsprechend den Wünschen jener, die danach verlangen, kurz äußern. Hört also gut zu!

Durch die Kraft des Heilsamen, das wir früher sammelten, haben wir eine kostbare menschliche Geburt mit Freiheiten und Ausstattungen erlangt und sind auf die Lehren des Buddha getroffen. Besonders jetzt, da wir mit den vollständigen, fehlerfreien und untrügerischen Lehren des Dschamgön Tsongkapa zusammengekommen sind, müssen wir uns unseren Fähigkeiten entsprechend tatkräftig bemühen.

Sollte es uns an Anstrengung mangeln, müssen wir bedenken, daß unsere Lebenskraft leicht verlischt, und daß unser Lehrer [Buddha Śākyamuni] sprach: »Auch die Lehre des Buddha wird gewiß in kurzer Zeit verlöschen«. Deshalb gleicht die Lehre des Siegers einer Butterlampe inmitten eines tosenden Sturmes, und die schlechten Umstände erheben sich wie Berge, die miteinander im Kampfe liegen. Unter diesen Umständen müssen wir unsere ethische Disziplin wie unseren Augapfel hüten und die umfassende Bedeutung der Lehre mit Hilfe von Kontemplation und Meditation in die Praxis umsetzen.

In dieser Zeit, in der selbst die äußere Welt und die Wesen darin die Früchte des Negativen mehren und auch alle möglichen unerwünschten widrigen Umstände entstehen, müssen wir die Überzeugung entwickeln, daß uns dies alles aufgrund unserer früheren Taten widerfährt; denn Karma, das man nicht angesammelt hat, kann einen nicht treffen.
Zudem müssen wir den Lama, der die Vereinigung der drei Zufluchten ist, um seinen geistigen Beistand bitten. Selbst wenn wir unseren Körper und unsere Lebenskraft wie zu Staub zermahlen müßten, darf unser überzeugtes Vertrauen in die überaus erhabenen drei Zufluchten und in das Gesetz von Taten und ihren Wirkungen nicht wanken.

Unsere eigenen körperlichen und geistigen Aggregate (*skandha*), die wir aufgrund von befleckten Handlungen angenommen haben, sind schon durch ihr bloßes Zustandekommen von leidhafter Natur; deshalb müssen wir ihnen gegenüber den Geist der Entsagung entwickeln.

Durch den Dämon der Leidenschaften wie Gier und Haß verrückt gemacht, auf dem Auge erblindet, das erkennt, was aufzugeben und was anzunehmen ist, und ohne den geistigen Lehrer als Blindenführer sind diese Barbaren und jene, die ihnen folgen und dadurch in deren Abhängigkeit geraten sind, durch vielfältige schlechte Handlungen wie beispielsweise das Zwietrachtsäen mit Negativem behaftet, das sie an den Rand des Abgrunds zu den Niederen Existenzen gebracht hat. Aber dennoch sind sie alle seit anfangsloser Zeit meine eigenen Väter und Mütter gewesen; und dies nicht nur ein einziges Mal, sondern unermeßlich viele Male. Kein einziger ist unter ihnen, der mich nicht mit Güte umsorgt hätte. Und wenn es jetzt erscheint, als seien sie [meine] Feinde, so ist dies einzig auf mein früheres schlechtes Karma zurückzuführen. Deshalb müssen wir alle diese geplagten Wesen aus dem großen Ozean der Leiden befreien und sie in den Zustand der höchsten Glückseligkeit versetzen.

Durch dieses Streben entsteht die Außergewöhnliche Geisteshaltung, die wiederum den Erleuchtungsgeist herbeiführt, der die anderen mehr schätzt als das eigene Selbst. Es ist wichtig, diese Geisteshaltungen als Herzstück für die eigene Praxis zu nehmen. Und jetzt, zur Zeit des fünffachen Niederganges ist es wichtig, die widrigen Umstände in den Pfad umzuwandeln. Entsprechend den Worten des Bodhisattva Śāntideva,[32] der sagt: »Es gibt nichts Schlimmeres als den Haß; es gibt keine bessere Askese als Geduld«, müssen wir erkennen, daß in dieser schlimmen Zeit nun die Gelegenheit eingetreten ist, die Leiden bereitwillig auf uns zu nehmen. Jetzt ist die Zeit gekommen, Schaden mit Hilfe zu vergelten. Jetzt haben wir Gelegenheit, uns bei allen falschen Anschuldigungen in Geduld zu üben. Was auch immer wir an Glück und Leid, an Reichtum oder Armut erleben mögen, es gleicht den vorteil- und fehlerhaften Traumgebilden, die zwar erscheinen, jedoch ohne Essenz sind. Wenn wir ohne Anhaftung und entsprechend der Erkenntnis handeln, daß alles hier und jetzt frei ist [von Eigenexistenz], werden wir den Pfad finden, der den Sieger erfreut.

Mönchsleben im indischen Exil

Frage: Was geschah, nachdem Sie im indischen Exil angelangt waren?
Geschela: Als wir in Indien ankamen, wurden wir erst einmal in einem riesigen Lager untergebracht. Dort war natürlich alles durcheinander. Mönche und Laien lebten zusammen. Aber schon einige Zeit später konnten wir an einem anderen Ort, der den Namen Buxa (auch Buxaduar genannt) trug, wieder langsam das Klosterleben aufnehmen. Viele Mönche gingen in andere Regionen wie zum Beispiel Darjeeling, in denen traditionell schon einige Tibeter lebten. Nur die wenigsten Mönche siedelten nach Buxa über. Am Anfang waren noch viele andere tibetische Flüchtlinge dort untergebracht, die über Bhutan aus Tibet nach Indien geflohen waren. Erst später wurde der Plan gefaßt, das Lager Buxa in einen klösterlichen Bezirk umzuwandeln. Solche und andere Projekte, die zur Unterstützung der tibetischen Flüchtlinge von der indischen Regierung durchgeführt wurden, waren in Absprache mit dem Büro S.H. des Dalai Lama erfolgt.

Schwierige Bedingungen im Lager Buxa

Frage: Wie waren die Verhältnisse in Buxa?
Geschela: Zunächst sah alles recht schön aus. Es gab hohe Berge und viele Wälder in der Umgebung. Der Nachteil war aber, daß die meisten Pflanzen und Bäume in der Nähe giftig waren. Man sagte, sie enthielten irgendwelche Substanzen, die sie absonderten und die dann vom Wind durch die Luft getragen wurden; eingeatmet beeinträchtigten sie die Gedächtniskraft und behinderten das Denken. Überhaupt war die ganze Umgebung der Gesundheit nicht gerade sehr zuträglich. So gelangten zum Beispiel die giftigen Substanzen auch ins Wasser, das so verschmutzt war, daß die Gifte an den Händen haften blieben, wenn man sie ins Wasser hielt. Durch diese und andere Umstände erkrankten und starben im Laufe der Jahre viele Mönche an Tuberkulose. Das Klima war sehr heiß, und es gab kaum einen Unterschied zwischen Sommer und Winter, so daß auch niemals Schnee fiel. Nur in der Entfernung konnte man Schnee auf den Spitzen der Berge sehen.

»Zu Beginn bemühte ich mich, umfassend zu studieren; in der Mitte erkannte ich alle Schriften als persönliche Anweisungen; am Ende setzte ich diese Tag und Nacht ununterbrochen in die Praxis um. Zudem widmete ich all dies der Ausbreitung der Lehre.«

TSONGKAPA

Der Distrikt dort heißt Bangela und gehört zum indischen Bundesstaat Assam. Dieser liegt in dem engen Korridor zwischen Bhutan im Norden und Bangladesch im Süden.

Der ganze Komplex, in dem wir lebten, war früher ein Gefängnis gewesen, in dem, so sagte man, auch Nehru, Mahatma Gandhi und andere führende Köpfe der indischen Intelligenz eingesperrt waren. Und so befand sich rings um unsere Behausungen ein hoher Eisenzaun, der darüber hinaus auch noch verbogen und häßlich anzuschauen war. Wenn ich früher nach West-Berlin fuhr und die DDR-Grenze passierte, wurde ich an den Umgrenzungszaun in Buxa erinnert; allerdings mit dem Unterschied, daß der Zaun an der DDR-Grenze viel geradliniger war! Aber natürlich gab es in Indien keine elektrischen Zäune. In den einzelnen Häusern des ehemaligen Gefängnisses in Buxa lebten wir meist in Gruppen von jeweils sechzig Mönchen zusammen. Der ganze Komplex umfaßte etwa dreißig bis vierzig Häuser. So verbrachten wir gut zehn Jahre dort und konnten uns während dieser Zeit wieder unseren Studien widmen. Ich lebte von 1959 bis 1969 in Buxa.

Frage: Und wie stand es mit der Verpflegung und den anderen Lebensnotwendigkeiten? Stellte die indische Regierung diese bereit?
Geschela: Jede Woche wurde uns von den indischen staatlichen Behörden eine gewisse Ration an Verpflegung zugeteilt, die wir dann nur noch zubereiten mußten. So erhielten wir zum Beispiel Reis, Mehl, Kartoffeln und Dal (Hülsenfrüchte) sowie Zucker und Milchpulver.
Frage: Waren im Lager Buxa Mönche aller vier tibetischen Traditionen zusammen untergebracht, und gab es gemeinsame Studienklassen und Rezitationen?
Geschela: Hauptsächlich waren es Mönche aus der Gelug-Tradition des tibetischen Buddhismus, die in Buxa lebten. Aus den anderen Traditionen, Kagyü, Nyingma und Sakya, waren nur wenige Mönche dort. Die öffentlichen Rezitationen und Pūjās hielten wir zusammen in entsprechend großen Versammlungsräumen ab. Natürlich hatte jede Tradition darüber hinaus noch spezielle Gebete und Texte, die nur von den Anhängern der betreffenden Tradition im kleineren Kreis rezitiert wurden. Zwischen den Mönchen der verschiedenen Traditionen bestanden überaus gute Beziehungen. Ansonsten setzten wir unsere Studien wie zuvor fort. Um noch die Lehren aus anderen Traditionen studieren zu können, hätte die Zeit niemals ausgereicht. Wir waren vollauf damit beschäftigt, die Lehren von Tsongkapa und seiner beiden Hauptschüler sowie andere traditionelle Studiengebiete zu erlernen. Insgesamt waren die Studien überaus intensiv. Ich persönlich studierte weiterhin die Mādhyamika-Philosophie und anschließend Vinaya (ethische Disziplin) und Abhidharma (Höheres Wissen).
Frage: Studierten Sie zu der damaligen Zeit unter der Leitung von Gesche Rabten Rinpotsche und Meistern wie Kyabdsche Tridschang Rinpotsche und Kyabdsche Ling Rinpotsche (den beiden Hauptlehrern des Dalai Lama)?[33]
Geschela: Meine regelmäßigen Studien setzte ich unter der Anleitung von Gesche Rabten Rinpotsche fort. Kyabdsche Tridschang Rinpotsche und Kyabdsche Ling Rinpotsche lebten nicht im Lager Buxa, sondern in der Nähe S.H. des Dalai Lama in Dharamsala. Sie wurden jedoch öfters von den Mönchen eingeladen, und so kam es, daß Kyabdsche Ling Rinpotsche einige Wochen lang in Buxa lehrte. Von ihm erhielt ich zum Beispiel eine Vajrayoginī-Initiation. Außerdem empfing ich von ihm in späterer Zeit noch

Song Rinpotsche, der große Gelugpa-Meister, der die Lehren von Sūtra und Tantra vollständig beherrschte, gelangte aufgrund seiner meditativen Übung zu außergewöhnlichen Erfahrungen.

Initiationen von Yamāntaka, Cakrasaṃvara, Dugkar *(gDugs dkar)* und anderen Meditationsgottheiten. Auch Kyabdsche Tridschang Rinpotsche kam ein Mal nach Buxa, um Belehrungen zu geben. S.H. der Dalai Lama selbst konnte jedoch das Lager Buxa nicht besuchen.

Frage: Lebten nicht auch Kyabdsche Song Rinpotsche[34] und Gesche Ugyen Rinpotsche in Buxa?

Geschela: Ja, das stimmt, Kyabdsche Song Rinpotsches damaliger Wohnsitz war das Lager Buxa. Er war derjenige Meister, der uns am meisten Belehrungen gab. Song Rinpotsches Gegenwart war für die Mönche ein großer Segen. In allen besonderen Fragen wurde er zu Rate gezogen. Er führte beispielsweise bei besonders schwer zu treffenden Entscheidungen die Orakel-Befragungen *(Mo)* durch. Er tat wirklich sehr viel für uns alle und erwies uns eine überaus große Güte. Er gab sehr viele Initiationen wie zum Beispiel die in das Cakrasaṃvara-Körper-Maṇḍala und Vajrayoginī. Darüber hinaus übertrug er den Strom der verschiedenen Gelübde auf viele Mönche. Er war

Kyabdsche Ling Rinpotsche war der ältere Tutor und Debattierpartner des 14. Dalai Lama. Im indischen Exil hatte er als Oberhaupt der Gelugpa-Tradition eine bedeutende Position inne.

der hauptsächliche Halter fast aller Übertragungslinien innerhalb der Gelug-Tradition, wie zum Beispiel der tantrischen Initiationen, der mündlichen Anweisungen und der schriftlichen Überlieferungen.
Gesche Ugyen Tseten Rinpotsche lebte nur die ersten zwei oder drei Jahre in Buxa. Von ihm erhielt ich damals Belehrungen über die Mādhyamika-Philosophie und über Vinaya. Diese Belehrungen gab Gesche Ugyen während des Sommers. In der etwas kühleren Winterperiode lehrte er die Schrift *Pramāṇavārttika*, die von gültiger Erkenntnis handelt und von dem indischen Ācārya Dharmakīrti verfaßt wurde. An diesen Belehrungen nahmen auch viele Mönche aus den Klöstern Ganden und Drepung teil. Außerdem lehrte Gesche Ugyen eine Schrift über tantrische Praktiken, in der erklärt wird, wie die drei unreinen Zustände von gewöhnlichem Tod, Zwischenzustand und Wiedergeburt in die drei makellosen Körper eines Erleuchteten umgewandelt werden können, indem man schon während der Übung das Resultat, nämlich die drei reinen Körper, in den Pfad hineinnimmt *(sKu*

Kyabsche Tridschang Rinpotsche, der viele Jahre Tutor des 14. Dalai Lama war, stärkte mit seinen Unterweisungen und Initiationen die Gemeinschaften der Mönche und Nonnen im indischen Exil.

gsum lam khyer). Bald darauf ging Gesche Ugyen Rinpotsche jedoch nach Dalhousie, um in das Tantra-Kolleg Gyüme einzutreten, wo er einerseits selbst intensiv weiter Tantra studierte und praktizierte und andererseits jüngere Mönche unterrichtete.

Frage: Haben Sie damals viel über die Zustände in Tibet erfahren können?

Geschela: Wir erfuhren immer wieder einige Neuigkeiten über die Verhältnisse in Tibet. Die meisten Informationen wurden durch den Strom der Flüchtlinge nach Indien getragen, der bis etwa zum Jahre 1962 anhielt. Natürlich waren die meisten der Flüchtlinge in der Zeit nach dem Volksaufstand geflohen. Danach konnten nur noch sehr wenige Tibeter nach Indien fliehen, aber selbst später gelang es immer wieder dem einen oder anderen. Jedoch wußten diese meist nur ihre persönlichen Erfahrungen und Kenntnisse zu berichten, welche sich meist auf ihr Heimatgebiet beschränkten. Sie konnten somit keine angemessene Beschreibung der allgemeinen Verhältnisse liefern.

»Ein Gesang aus dem Gefängnis«

von Gesche Dschampa Khedrup Rinpotsche

Dieser spiritueller Gesang wurde von Gesche Dschampa Khedrup Rinpotsche verfaßt, während er zusammen mit mehr als eintausend anderen, meist hohen Lamas, in einem chinesischen Gefängnis in Menyag (Me nyag) in Osttibet eingesperrt war. Einige Zeit später (um das Jahr 1963) starb Dschampa Khedrup Rinpotsche in Dartsedo (Dar rtse mdo), das heute besser unter dem chinesischen Namen »Kanding« bekannt ist.

Er schrieb diesen Text für einen seiner engen Schüler, der Arzt war und der mit ihm eine lange Zeit im Gefängnis verbrachte. Dieser Text bezeugt die ungebrochene Geisteskraft, die Dschampa Khedrup Rinpotsche selbst unter widrigsten Lebensumständen nicht nur beibehalten hat, sondern sogar noch weiter entwickeln konnte. Trotz der Leiden, die ihm während seines Gefängnisaufenthalts zugefügt wurden, trotz des Hungers, der Verhöre und anderer Schikanen, die er erdulden mußte, vermehrten sich seine Tugenden immer weiter, insbesondere seine Geduld und sein starkes Mitgefühl für alle Wesen – und im besonderen für seine Peiniger. Dieser Gesang zeigt deutlich die Übung eines großen Bodhisattva, der alle hinderlichen Umstände in den Pfad zur Befreiung und zur Erleuchtung umzuwandeln vermag.

Zu diesen Praktiken wurde Dschampa Khedrup Rinpotsche befähigt, indem er sich zunächst ein umfangreiches Wissen durch sein Studium im Kloster Sera erwarb, welches er mit dem höchsten Titel eines Lharampa Gesche im gleichen Jahr (1933) abschloß, in dem der 13. Dalai Lama verstarb und sich dann in den Schulungen des allgemeinen und besonderen Großen Fahrzeugs (mahāyāna) auf dem Stufenweg zur Erleuchtung übte, wodurch er zu hohen Verwirklichungen gelangte.

Der Meister weiß, der Meister weiß, der Meister weiß.

Durch das vormals angesammelte Heilsame habe ich eine vortreffliche Geburt erlangt. Durch die Güte des väterlichen Meisters bin ich auf die Lehre gestoßen. Durch die Macht schlechter Taten bin ich im Zeitalter der Degeneration geboren. Obgleich ich fähig war, die Schriften ein wenig zu studieren, fehlte mir die Gelegenheit, ihren Sinngehalt zu ergründen, zerstreut durch ein nur scheinbares [Streben] nach dem Wohl der anderen.

Plötzlich, durch das Aufbrechen der Früchte [vergangener] unheilsamer Taten, stürzen die widrigen Umstände wie Berge [über mir] zusammen. Jedoch ist mir selbst diese Situation ein Freudenfest des guten Geschicks, da ich Körper, Rede und Geist zum Heilsamen benutzten kann. Ich weiß, dies ist die Güte des Meisters und der drei höchsten Zufluchten.

Obwohl die Lehre im allgemeinen stark verfällt, ist in meinem besonderen Falle das Üben des Heilsamen nicht degeneriert. Ich weiß, es ist die Güte des erhabenen Meisters, der wie ein Vater zu mir ist. Ich denke, dies kann man »Das Umwandeln von widrigen Umständen in förderliche« nennen.
Der glorreiche Sieger, König der Śākyas, lehrte zu Lebzeiten in seinen vierundachzigtausend Dharmas den allgemeinen und den besonderen Pfad. Daß ich mich Tag und Nacht mit all meinen Kräften um den vollkommenen Pfad bemühen kann, verdanke ich der mitfühlenden Güte des erhabenen Meisters, der wie ein Vater zu mir ist.

Den tiefgründigen Pfad, das Geheime und den Guru Yoga, den glorreichen Guhyasamāja, Cakrasaṃvara und Yamāntaka, welcher der Zerstörer der äußeren, inneren und verborgenen Dämonen ist, – viele Arten von religiöser Praxis meditiere und rezitiere ich und spreche Mantras so viel ich vermag. Dazwischen [übe] ich mich hier und dort ein wenig in den Übersichtsmeditationen, und bete für das Wohl aller mütterlichen Wesen und für die Verbreitung der allgemeinen und besonderen Lehren. Während diese Übungen in meinem Geiste [miteinander] wetteifern, kann ich getrost im Frieden verweilen. Ich weiß, dies ist auf die Güte meines erhabenen Zufluchtsmeisters und die Kraft meiner nicht geringen Verdienste zurückzuführen.

Ich denke, daß es wohl heutzutage keinen Menschen gibt – in welchem Land auch immer –, der sich glücklicher schätzen kann als ich.

Obwohl man mich einen Gefangenen nennt, bin ich eigentlich ein Meditierender, der in Klausur lebt. Obwohl man diesen Ort ein Gefängnis nennt, ist er für mich eine Klause. Ich weiß, daß dieses Verwandeln von widrigen

Umständen in förderliche im allgemeinen durch die Güte des Meisters und der drei Juwelen möglich ist und daß die Umstände dafür [speziell] auf die Freundlichkeit der kommunistischen Partei zurückzuführen sind.

Diese Methode, die widrigen Umstände in den Pfad hineinzunehmen, entspricht der Art und Weise, wie die vergangenen Meister auf dem Pfad fortgeschritten sind. Man nennt sie »das Leid als Schmuck betrachten.«

Dies ist die essentielle Anweisung meines edlen Meisters, der wie ein Vater zu mir ist. Wenn heutzutage für mich und jeden anderen die Lebensbedingungen ein wenig erschwert werden, gibt es keinen, dem wir die Schuld dafür geben könnten; denn dies ist die Frucht, die von unserem gemeinsamen Karma beherrscht wird.

Denn der Erhabene lehrte: »Was auch immer uns an Glück oder Leid, an Hilfe oder Schaden widerfährt, müssen wir [als Resultat] unseres vergangenen Karmas verstehen.« Aus diesem Grunde habe ich keine Sorgen und keine Furcht.

Zu der Zeit, da ich ein wenig freudig gestimmt war, entschlüpfte meinem Mund dieser Gesang unsinniger Worte. Du Lebenserhalter, bewahre es zur eigenen Ansicht, mein Sohn. Es besteht keine Notwendigkeit, es irgendjemand anderem zu zeigen.

Samaya gya gya.

ཨོཾ་མ་ཎི་པདྨེ་ཧཱུྃ

Verantwortung für den tibetischen Buddhismus

Frage: Fühlten Sie und die anderen Mönche sich im Exil schon damals in einer besonderen Weise für die Aufrechterhaltung des Buddha-Dharma verantwortlich, wo doch die Zerstörung und Unterdrückung der Religion in Tibet immer größere Ausmaße annahm?
Geschela: S.H. der Dalai Lama hatte bereits kurz nach den ersten Versammlungen der tibetischen Flüchtlinge in Indien Pläne zur Aufrechterhaltung der tibetischen Kultur und des Buddha-Dharma aufgestellt. Er sagte zum Beispiel, daß wir versuchen sollten, die gesamte buddhistische Lehre entsprechend den Traditionen in Tibet zu bewahren, und daß es daher wichtig sei, die Klostergemeinschaften in Indien wieder zusammenzufügen. Es sei nicht vorteilhaft, wenn sich die Flüchtlinge in alle Richtungen zerstreuten, sondern besser, wenn die Tibeter in den Flüchtlingssiedlungen zusammenleben könnten und in deren Nähe wieder Klöster errichteten.

Allerdings bestanden in den ersten Jahren kaum Pläne, irgendwelche klösterlichen Bauwerke zu errichten, da man noch Hoffnung hatte, in der näheren Zukunft wieder in die Heimat zurückkehren zu können. Keiner konnte jedoch sichere Prognosen aufstellen, und so meinten einige, daß man schon bald oder in einigen Jahren wieder zurückkehren könne. Andere vermuteten, daß es noch Jahrzehnte dauern könne, bis eine Rückkehr in die Heimat möglich werde. Wieder andere rechneten damit, den Rest ihres Lebens im indischen Exil verbringen zu müssen. Es gab wirklich keine Gewißheit.

Was jedoch unter allen Umständen von entscheidender Bedeutung blieb, war die Verpflichtung zur Aufrechterhaltung der buddhistischen Tradition. So dachten wir Mönche auch kaum daran, irgendwelche neuen Bauten zu errichten, sondern waren vollauf mit unseren Studien beschäftigt. Wie bereits erwähnt, kam es durch solche Überlegungen und Pläne dazu, daß die Laien im Lager Buxa, unter denen sich natürlich auch viele Frauen und Kinder befanden, nach einiger Zeit umgesiedelt wurden, um die klösterliche Tradition nicht zu beeinträchtigen.
Frage: Konnten denn die mannigfaltigen Schriften und Bücher, die für das Studium und die Aufrechterhaltung des Buddha-Dharma unerläßlich waren, bei der Flucht aus Tibet mitgenommen werden?

Geschela: Wir konnten natürlich auf der beschwerlichen Flucht nur wenige Bücher tragen. Jedoch befanden sich im Süden Tibets, das heißt an der Grenze zu Indien, Nepal und so weiter mehrere Klöster, aus denen viele

S. H. der 14. Dalai Lama:
»Meine Religion ist einfach, meine Religion ist Güte.«

Schriften nach Indien gelangten. Und schließlich gibt es ja auch auf dem Territorium Indiens selbst, wie in Ladakh und Spiti und in anderen Himalaya-Staaten wie Bhutan und Nepal, buddhistische Bevölkerungen oder Volksgruppen. Von den Klöstern in diesen Gebieten haben wir viele Schriften erhalten. Meistens geschah dies leihweise, und so mußten wir die einzelnen Seiten anfänglich mit der Hand kopieren. Später konnten wir wieder dazu übergehen, einige der Schriften zu drucken.

Frage: Waren nicht damals schon viele der verschiedenen Überlieferungen, große Mengen des reichen Schrifttums und andere wichtige Aspekte des tibetischen Buddhismus durch die Zerstörung der religiösen Zentren in Tibet verloren gegangen?

Geschela: Doch, es war damals schon abzusehen, daß ein gewaltiger Schaden angerichtet worden war. Im Jahre 1963 lud Seine Heiligkeit der Dalai Lama zu einer speziellen Versammlung über die Fortsetzung und Erhaltung des Buddha-Dharma nach Dharamsala ein, an der viele Meister und Äbte sowie die Oberhäupter der vier großen Traditionen des tibetischen Buddhismus teilnahmen, die alle nach Indien hatten fliehen können und dort die allgemeinen und besonderen Lehren der jeweiligen Tradition recht gut bewahren konnten. An der Konferenz nahmen unter anderen Kyabdsche Ling Rinpotsche und Kyabdsche Tridschang Rinpotsche teil, sowie Karmapa Rinpotsche, Dudschom Rinpotsche, Sakya Trindsin und Bakula Rinpotsche.[35] Als Resultat dieser Versammlung wurden konkrete Entschlüsse und Pläne für die Weiterführung und Bewahrung des religiösen Erbes gefaßt. Die Konferenz, die vor einiger Zeit in Varanasi abgehalten wurde, war die vierte in der Folge solcher Versammlungen.

Im allgemeinen konnten die Überlieferungen wie zum Beispiel die einzelnen Initiations- und Anweisungstraditionen bewahrt werden, obwohl vielleicht einige der Überlieferungsformen spezieller Meditationsgottheiten verloren gingen. Der große Verlust, der durch die Zerstörung in Tibet auftrat, ist der Umstand, daß es nur noch wenige Meister gibt, die diese Traditionen aufrecht erhalten, und daß auch diejenigen, die diese Lehren anwenden, vergleichsweise wenige geworden sind.

Religiöse Zukunft in Südindien

Frage: Wie fand Ihr Aufenthalt in Buxa sein Ende?

Geschela: Die ganze Auflösung des Lagers Buxa hing mit einer Neuerung zusammen, die ungefähr im Jahre 1967 einsetzte. In dieser Zeit schmiedete man Pläne für die Einrichtung einer besonderen Lehranstalt, in der zunächst dreißig Lehrer ausgebildet werden sollten. Nachdem man einige Erfahrungen mit einer solchen Ausbildungsstätte gesammelt hatte, wurde rund ein Jahr später das zuvor erwähnte Institut in Varanasi gegründet. Es bestand der Plan, daß alle Mönche im Laufe der Zeit in dieses Institut übersiedeln sollten, um dort ihre Ausbildung in einer besser strukturierten Weise fortsetzen zu können. Insbesondere sollten dort Studiengebiete wie Grammatik und die anderen traditionellen Wissengebiete, die es neben der dialektisch-religiösen Ausbildung gab, intensiviert werden. Denn gegenüber der traditionellen Ausbildung in den großen Klosteruniversitäten Tibets, wo man diese Fächer intensiv studiert hatte, war die Übung dieser Wissensgebiete im Exil vernachlässigt worden.

Es stellte sich jedoch bald heraus, daß lange nicht alle Mönche in Varanasi untergebracht werden konnten. Ich selbst versuchte übrigens zweimal vergebens, in Varanasi aufgenommen zu werden.

Da aber nur eine beschränkte Anzahl von Mönchen in das Institut übersiedeln konnte, fragte man sich, wie eine weitere Auflösung beziehungsweise Zersplitterung der monastischen Gemeinschaft verhindert werden könnte. Man war sich darüber im klaren, daß es notwendig geworden sei, wieder richtige Klöster zu gründen. So stellte man viele Überlegungen an, wie dies zu erreichen sei. Schließlich konnte das Büro S.H. des Dalai Lama in Zusammenarbeit mit den indischen Behörden eine Lösung finden. Man faßte den Plan, einen Bundesstaat zu suchen, der genügend Grund und Boden zur Verfügung stellen könne, um den Bau von Flüchtlingssiedlungen und Klöstern zu ermöglichen. Es wurden diesbezüglich Anfragen an die verschiedenen Bundesstaaten gerichtet. Schließlich erklärte sich der südindische Bundesstaat Karnataka bereit, in Mundgod und Bylakuppe entsprechende Gebiete zur Ansiedelung einer großen Anzahl von Tibetern und damit auch für den Bau von Klöstern zur Verfügung zu stellen. Es wurden weite Gebiete urbar gemacht, und es fand sich genügend Raum, um tatsächlich mit dem Bau der einzelnen Klöster zu beginnen. Nach und nach siedelten alle noch in Buxa lebenden Mönche nach Südindien über und verteilten sich wieder auf ihre neu gegründeten Klöster, von denen Ganden, Drepung und Sera traditionell wieder die größten wurden.

Frage: Wieviele Mönche lebten überhaupt in den vorherigen Jahren in Buxa, und wieviele davon stammten aus Sera?

Geschela: Ich schätze, daß ingesamt etwa 1300 Mönche im Lager Buxa

lebten, von denen rund 400 aus dem Kloster Sera stammten. Die eigentliche Planung hatte zwar vorgesehen, daß 1500 Mönche dort Unterkunft finden sollten, doch siedelten nur etwa 1300 nach Buxa über. Jahre später wiederum erschwerten die indischen Behörden vielen Mönchen die Aufnahme in das Lager. Viele wurden sogar abgewiesen.
Frage: Aus welchen Gründen geschah dies?
Geschela: Wahrscheinlich sind ähnliche Reaktionen überall dort zu erwarten, wo sich viele Menschen an einem Ort ausschließlich dem Studium zuwenden und nicht selbst für ihren Lebensunterhalt aufkommen. In solchen Situationen gibt es mit der Zeit immer irgendwelche Einwände und Probleme, zumal wir darüber hinaus auch noch Flüchtlinge in einem fremden Land waren. Am Anfang bestanden natürlich noch keine Erschwernisse und Beschränkungen; denn schließlich hatten wir Tibeter ja viel Leid erfahren und dementsprechend groß war auch die Hilfsbereitschaft der Inder. Aber nach vielen Jahren des Aufenthalts, in denen wir die freundliche Unterstützung der indischen Regierung genossen hatten, wurde es immer dringlicher, unseren Lebensunterhalt mit eigenen Mitteln bestreiten zu können.

Mit der Zeit stellte sich heraus, daß die Klosterneugründungen selbst für die meisten derer, die zuvor einen Studienplatz am Institut in Varanasi bekommen hatten, bedeutsam wurden, da für sie, nach Abschluß ihrer Ausbildung, dort keine ausreichenden Unterkünfte vorhanden waren und auch nur die wenigsten eine Lehrtätigkeit in anderen Instituten fanden. Viele von ihnen mußten schließlich wieder in die Klosterverbände zurückkehren.

Der Aufbau neuer Klöster im indischen Exil

Frage: Können Sie über den Aufbau des neuen Klosters Sera berichten?
Geschela: Von den Mönchen in Buxa, die aus dem Kloster Sera in Tibet stammten, siedelten ungefähr 270 bis 300 nach Bylakuppe über. Die anderen Mönche gingen vorwiegend nach Mundgod, wo die Klöster Ganden und Drepung neu aufgebaut wurden. Allen drei großen Gelugpa-Zentren war ein Kloster aus einer der drei anderen Traditionen benachbart. So befindet sich in der Nähe von Sera ein Kagyü-Kloster, in der Umgebung von Drepung ein Sakya-Kloster, und zusammen mit Ganden errichtete man ein Nyingma-Kloster.

Der Geist ist unzerstörbar: Die tibetischen Mönche im Exil bauten das Kloster Sera wieder auf, so daß die klösterliche Ausbildung gemäß der Tradition fortgesetzt werden konnte.

Frage: Mußten die Mönche ihre Häuser und Tempel selbst aufbauen und selbst Landwirtschaft betreiben, oder gab es Unterstützung durch die Regierung und die anderen tibetischen Flüchtlinge?

Geschela: Nein, wir bauten unsere Häuser selbst und bauten eigenständig unsere Nahrungsmittel an.

Frage: Gab es aufgrund der großen Hitze gesundheitliche Probleme?

Geschela: Obwohl das Klima in Südindien im Vergleich zu Buxa viel heißer war, war es doch viel verträglicher. Insgesamt waren die Verhältnisse dort wesentlich angenehmer und der Gesundheit förderlicher. In Buxa war das Essen qualitativ nicht sehr gut. Es gab viele indische Geschäftsleute, die uns privat oder im Namen der Regierung Nahrungsmittel lieferten, und da es sich dabei um große Mengen handelte und somit ein großer Profit erzielt werden konnte, kam es immer wieder vor, daß diese Händler uns alte, manchmal sogar verrottete Nahrung lieferten oder sie mit irgendwelchen billigen Stoffen streckten. Es waren ja nicht alle Bodhisattvas, mit denen wir dort zu tun hatten. Daß sie an uns genügend Geld verdienen konnten, war ihnen am wichtigsten. Bei privaten Geschäftsleuten liegt es oft nahe, daß sie versuchen, möglichst viel Profit bei wenig Ausgaben zu erzielen. Wie dem auch sei, unsere Gesundheit hatte durch diese schlechte und teilweise verschimmelte Nahrung zu leiden.

Als wir nach Südindien übersiedelten und unsere eigenen Nahrungsmittel anbauten, hatten wir dieses Problem natürlich nicht mehr. Und von dem Geld, das wir von den indischen Behörden bekamen, konnte man in den nahegelegenen Ortschaften frische Produkte einkaufen. Der Einkauf lag im eigenen Ermessen, und man hatte daher die Möglichkeit, sich selbst die Waren auszusuchen. So nahm zwar einerseits die Arbeit zu, andererseits verbesserte sich aber die Gesundheit.

Frage: Konnten die Studien trotz des Aufbaus der Klöster bald wieder fortgesetzt werden?

Geschela: Natürlich brauchte es eine gewisse Zeit, bis die Studien fortgesetzt werden konnten. Aber nach einiger Zeit konnte ich meine Vinaya- und Abhidharma-Studien weiterführen. Insbesondere studierten wir Erkenntnistheorie. Wie in Tibet üblich, versammelten sich die entsprechenden Studenten aus den drei Klosteruniversitäten, um für einige Zeit sehr intensiv über die bereits erwähnte Schrift *Pramāṇavārttika* zu debattieren. So wurden einige Schriften zusammen studiert und von Meistern aus den drei großen Klöstern, den »Drei Säulen«, gelehrt.

Frage: Wie kam es, daß die Zahl der Mönche in Sera und den anderen Hauptzentren langsam anwuchs? Woher kamen die neuen Mönche?

Geschela: Zu Beginn wurden viele junge Tibeter aus den umliegenden Flüchtlingssiedlungen Mönche. Oft hatten ihre Eltern sie jedoch nur geschickt, damit sie eine gute Ausbildung erhielten und von den Lehrern erzogen und versorgt wurden. Wenn sie dann einige Jahre älter geworden waren und gut für die verschiedenen Arbeiten zuhause eingesetzt werden konnten, versuchten viele Eltern, ihre Kinder wieder nach Hause zu holen. Oft waren die Eltern mit den Jahren auch alt und gebrechlich geworden und bedurften der Pflege und Unterstützung ihrer Kinder.

Andere lagen ihren Kindern ständig in den Ohren und klagten darüber, daß die Feldarbeit ihnen so schwer geworden sei, daß sie krank oder alt geworden seien, und so kamen ihren Kindern viele Zweifel und Sorgen, und sie verließen das Kloster schließlich wieder. So etwas geschah leider sehr häufig. Dabei ist es nicht so, daß das Klosterleben sehr leicht und angenehm wäre. Im Gegenteil, man muß sich sehr anstrengen.

Diejenigen jedoch, die später noch aus Tibet fliehen konnten und ins Kloster eintraten, hatten diese Probleme nicht und studierten deshalb oft mit großem Enthusiasmus. Sie besaßen meist eine große Wertschätzung für das Klosterleben und ein starkes Interesse an den Schriften.

Frage: Hatten Sie in der Zeit einen speziellen Lehrer?

Geschela: Damals hatte ich keinen besonderen Hauptlehrer. Gesche Ugyen Rinpotsche befand sich in den ersten Jahren in Dalhousie und wurde einige Zeit darauf Abt des Tantra-Kollegs. Später siedelte er in die Schweiz über, wo er der erste Abt des Klösterlichen Tibet-Instituts in Rikon bei Winterthur wurde. Gesche Rabten war in dieser Zeit als religiöser Berater S. H. des Dalai Lama in Dharamsala tätig. Später wurde er als Nachfolger Gesche Ugyens zum Abt des klösterlichen Tibet-Instituts in Rikon ernannt. Dann gründete er das Zentrum Tharpa Choeling am Genfer See.

Frage: Ist Gesche Rabten Rinpotsche niemals in eines der Tantra-Kollegs eingetreten?

Geschela: Nein, dazu fand er keine Gelegenheit. In den Jahren 1960 bis 1962 legte er in Buxa die Prüfungen zum Lharampa Gesche ab. Kurz darauf wurde er von Seiner Heiligkeit direkt aus Buxa nach Dharamsala berufen. Er trat dort in das Namgyal-Kloster ein, das Seiner Heiligkeit untersteht, und wurde dessen religiöser Berater. Neben Lati Rinpotsche[36] und Serkong Rinpotsche[37] war Gesche Rabten Rinpotsche der dritte Meister, der mit dem Dalai Lama religiös-philosophische Fragen erörterte.

Die Prüfung zum Lharampa Gesche

Frage: Sie selbst haben dann bald die Prüfung zum Lharampa Gesche, dem höchsten Gelehrtentitel innerhalb der Gelug-Tradition, in Sera abgelegt?

Geschela: Dies ist richtig. Allerdings wurden ab 1975 einige Veränderungen in bezug auf die Gesche-Prüfungen vorgenommen. Früher brauchten die Gesche-Titel-Anwärter nur mündliche Prüfungen in einer gewöhnlichen und einer besonderen Debattenform *(Dam bca')* vor verschiedenen Prüfungsgremien abzulegen. Dann wurde aber die Neuerung eingeführt, daß

Gesche Ugyen, hoch geschätzt aufgrund seiner strengen ethischen Disziplin, seiner Debattierkunst und intensiven Meditationserfahrung, ist bis heute ein wichtiger Lehrer Gesche Thubtens. Mit seinen Reisen trägt er den Segen der Buddhas auch in den Westen.

auch eine schriftliche Prüfung abgelegt werden müsse. Ich gehörte dem ersten Jahrgang an, der diese zusätzliche Prüfung bestehen mußte.

Es gibt verschiedene Abstufungen innerhalb der Gesche-Prüfungen. Allgemein spricht man von drei Gesche-Titeln, Lingse *(gLing bsre)*, Lharam *(Lha ram)* und Ngagram *(sNgags ram)*. Letzteren Titel kann man nur erwerben, wenn man bereits eine der anderen Gesche-Prüfungen absolviert hat. Meines Wissens ist er jedoch noch niemandem verliehen worden. Ich selbst legte meine Prüfungen in den Jahren 1975-1978 ab. Im Jahre 1979 erhielt ich den Titel eines Lharampa Gesche.

Frage: Wie verlaufen die Prüfungen?

Geschela: Die Form der einzelnen Prüfungen wird von einem speziellen Gremium der Gelug-Tradition festgelegt. Dieses Gremium entscheidet auch, welche Bereiche aus den fünf großen Studiengebieten – *Pramāṇa* (Erkenntnistheorie), *Madhyamaka* (Philospohie des Mittleren Weges), *Pāramitā* (Vollkommenheiten), *Vinaya* (Ethische Disziplin) und *Abhidharma* (Höheres Wissen) – näher geprüft werden sollen. Alle fünf Fächer werden in einem ausgewogenen Verhältnis abgefragt. Die Prüfungen werden in verschiedenen

Stufen abgelegt, woraus sich auch die verschiedenen Gesche-Titel ergeben. Hat man das erste und zweite Jahr mit den entsprechenden Prüfungen absolviert, wird man zu einem Meister, der die sogenannte Karam-Klasse *(bKa ram 'dzin grwa)* beendet hat. Die Studien dieser und der nachfolgenden Klassen dauern jeweils zwei Jahre. Als Karam-Meister hat man außerdem noch buddhistische und tibetische Geschichte und einige andere Fächer zu erlernen. Die fünf großen Studiengebiete werden bei der Prüfung zu einem Karam-Meister aber nur in einem geringen Umfang abgefragt. In der Lobpön-Klasse *(sLob dpon 'dzin grwa)* braucht man nicht allzuviel Geschichte und andere Nebenfächer zu studieren, man ist mehr damit beschäftigt, schriftliche Prüfungen über die fünf großen Schriften abzulegen. Als Karam- und Lobpön-Meister kann man dann die Prüfung zu einem Lingse-Gesche ablegen, bei der man beispielsweise Textstellen aus einem der Kommentare über *Prajñāpāramitā* oder *Pramāṇavārttika* etwa eine Stunde lang vor einer Versammlung von Mönchen auswendig aufsagen muß. In der Lharampa Gesche-Prüfung werden hauptsächlich Debatten und sogenannte »Damtschas« *(Dam bca')*, Sitzungen in denen man vielen »Herausforderern« gegenüber seinen Standpunkt behaupten muß, veranstaltet, aber keine schriftlichen Prüfungen gefordert.

Nur die Lharampa-Gesche-Prüfungen finden die Aufmerksamkeit der staatlich-tibetischen Gremien. Die anderen Prüfungen werden nur innerhalb der einzelnen Klosterabteilungen abgehalten. Für den Titel eines Lharampa Gesche mußte man in Tibet noch eine Art Vorprüfung bestehen, die im Norbu Lingka, dem Sommerpalast des Dalai Lama, abgehalten wurde. Erst dann war man berechtigt, an den eigentlichen Prüfungen teilzunehmen, die in Gegenwart vieler Mönche und großer Gelehrter, einschließlich S.H. des Dalai Lama, und unter Aufsicht staatlicher Gremien während des großen Gebetsfestes, des Mönlam Tschenmo *(sMon lam chen mo)*, abgehalten wurden. Ich selber legte zunächst, das heißt in den Jahren 1975/76, die meisten schriftlichen Prüfungen zum Lobpön ab und dann die zum Gesche Lharampa. Ich brauchte die Prüfungen zum Karam-Meister nicht zu absolvieren, da die Studiengebiete durch die höheren Prüfungen abgedeckt wurden. Die anderen, die später ihre Prüfungen ablegten, mußten all die verschiedenen Klassen durchlaufen. Wir waren jedoch der erste Jahrgang, und so konnten die Neuerungen noch nicht voll auf uns angewandt werden.

In der Fremde

Frage: Welche Vorstellungen über den weiteren Verlauf ihres religiösen Lebens hatten Sie, nachdem Sie ihre Prüfung zum Gesche Lharampa erfolgreich abgeschlossen hatten?

Geschela: Ich hatte damals nur den einen Wunsch, in das Tantra-Kolleg von Gyüme einzutreten, um dort die Lehren des Geheimen Fahrzeugs zu studieren. Ich hatte nicht die geringste Absicht, in ein fremdes Land zu gehen oder etwas ähnliches zu unternehmen. Es kam jedoch anders als erwartet: Gesche Rabten Rinpotsche war bereits seit 1978 in Europa und ließ mich eines Tages wissen, daß es dort eine Stadt gibt, die den Namen Hamburg trägt und in einem Land liegt, das Deutschland heißt. Da man Deutschland auf Tibetisch »Dscher-men« ausspricht und Japan »Dsche-pen«, verwechselte ich zunächst die beiden Länder. Gesche Rabten Rinpotsche fragte mich weiter, ob ich nicht in dieses Land kommen wolle, um einigen Interessierten den Buddha-Dharma zu lehren. Damals war Peter Turner der Präsident eines Vereins in Hamburg, dessen Mitglieder sich für tibetische Kultur interessierten. Peter Turner hatte wiederholt Gesche Rabten Rinpotsche darum gebeten, einen qualifizierten Lehrer zu schicken, der die Schriften unterrichten könne. Gesche Rabten Rinpotsche selbst fand aufgrund seiner vielfältigen Aufgaben nicht ausreichend Gelegenheit, um in Dschang Tschub Tschöling *(Byang chub chos gling,* »Dharma-Hain der Erleuchtung«), so hieß damals schon das Zentrum in Hamburg-Blankenese, regelmäßige Unterweisungen geben zu können. Allerdings hatte Gesche Rabten Rinpotsche dem Dalai Lama insgesamt drei Gesches zur näheren Auswahl vorgeschlagen, von denen einer nach Deutschland gehen sollte. Gesche Rabten Rinpotsche hatte mich zuvor gefragt, ob er meinen Namen mit auf die Liste setzen könne, und einige Zeit nachdem ich eingewilligt hatte, teilte er mir mit, daß er die Liste S.H. dem Dalai Lama übermittelt hätte. Es stand also noch gar nicht fest, wer in »ferner Zukunft« – so erschien es mir zunächst – in dieses fremde, unbekannte Land gehen sollte, von dem ich anfänglich noch nicht einmal wußte, wo es genau liegt. Ich selbst hatte mich ja bisher wenig für ferne Länder interessiert und besaß daher auch nicht das geringste Interesse, ins

Ausland zu gehen, was Gesche Rabten Rinpotsche auch wußte. Um mein Interesse und das der zwei anderen Lehrer zu wecken, erzählte er uns dreien dann des öfteren, wie vorteilhaft und bedeutsam es wäre, wenn man in Deutschland den Buddha-Dharma lehren könne. Ich selbst sagte mir jedoch im stillen, daß ich mir nicht allzu viel Gedanken machen müsse; denn schließlich standen noch zwei andere Gesches zur Auswahl und die Wahrscheinlichkeit sei gering, daß ich derjenige sein würde, der diese Aufgabe zu erfüllen hätte. Aber es kam anders als erwartet: Die Wahl fiel auf mich. Zunächst wurde ich von dieser Entscheidung sehr überrascht; denn zu dem damaligen Zeitpunkt hatte ich noch nicht einmal meine Gesche-Prüfung ablegt. Und nun sollte ich plötzlich in ein fremdes Land gehen, ohne das vollenden zu können, auf das ich mehr als zwanzig Jahre meines Lebens hingearbeitet hatte. Als ich etwa 1956, während meines Studiums im Kloster Dargyä in Osttibet, den Entschluß faßte, die Schriften intensiv zu erlernen, entstand in mir auch der starke Wunsch, den Weg einzuschlagen, der in der Gelehrsamkeit eines Gesches seinen würdigen Abschluß findet. Ich wurde deshalb etwas unruhig und betrübt und betrachtete den Auftrag zunächst als ein gewisses Hindernis für den Abschluß meines Gesche-Studiums. Denn es hätte gut sein können, daß ich mitten in den Prüfungen mein Visum erhalten hätte und dann nach Deutschland hätte fliegen müssen. Aber meine Sorgen waren unbegründet. Erst knapp zwei Wochen nachdem ich all die verschiedenen Prüfungen abgeschlossen hatte, traf meine Aufenthaltsgenehmigung für Deutschland ein. Ich konnte auch noch der Klosterabteilung aus Anlaß der bestandenen Prüfung das traditionelle Essen, das bereits vor der Frage-und-Antwort-Prüfung stattfindet und einen ganzen Tag dauert, spendieren. Erst kurz darauf erhielt ich aus dem Tibet-Büro in Dehli die Aufforderung, sofort dorthin zu kommen, da alle Formalitäten erledigt seien und meinem Aufenthalt in Deutschland nichts mehr im Wege stünde.

Frage: Als Sie sich dann auf die Reise machten und das erste Mal aus dem Flugzeug auf Deutschland herabsahen, was ging in Ihnen vor?

Geschela: Zunächst hatte ich beim Flug ein wenig Bedenken, ob der Pilot sein Handwerk wohl richtig verstehen oder ob wir früher oder später abstürzen würden. Ich saß damals das erste Mal in einem Flugzeug und hatte wahrscheinlich Empfindungen wie jeder andere auch, der seinen ersten Flug erlebt.

Frage: Und was geschah, als Sie in Hamburg eintrafen?
Geschela: Ich wurde von Peter Turner und einem Tibeter aus der Schweiz empfangen, den Gesche Rabten Rinpotsche gebeten hatte, bei meiner Ankunft als Übersetzer zu fungieren. Für mich war natürlich alles sehr ungewohnt und neu. Ich hatte mich selbstverständlich darauf eingestellt, daß in Deutschland vieles anders sein werde als in Tibet und Indien. Einiges über die Zustände und Lebensweisen im Westen hatte ich bereits in Indien erfragt und erfahren. Ich hegte Zweifel, ob ich das deutsche Essen vertragen könne, das sehr anders als unsere tibetische Küche sein sollte.

Als wir dann im Tibetischen Zentrum ankamen – es befand sich damals in einem kleineren Haus in Hamburg-Blankenese – erwarteten uns dort, gemäß der tibetischen Sitte, einige Personen mit weißen Glücksschleifen.
Frage: Begannen Sie schon bald darauf mit den Unterweisungen im Buddha-Dharma?
Geschela: Schon kurz nach meinem Eintreffen im Zentrum hielten wir auf Bitten einiger Schüler eine Opfergaben-Pūjā ab, die sogenannte *Guru Pūjā* oder »Lama Tschöpa« *(bLa ma mchod pa)*, die wir von da an bis zum heutigen Tag etwa alle vierzehn Tage rezitiert haben.
Frage: Sicher gab es zu Beginn ihrer Lehrtätigkeit viele Mißverständnisse und Schwierigkeiten. Hatten Sie die Hoffnung, daß die tiefgründigen Lehren an den anfänglich sehr kleinen Kreis ihrer Schüler übertragen werden könnten? Wurden Sie nicht mit vielen fremdartig und merkwürdig erscheinenden Fragen und Ansichten konfrontiert?
Geschela: Zunächst zweifelte ich ein wenig daran, ob ein wirkliches Interesse an den Lehren Buddhas bestand oder ob sich das Hauptinteresse mehr auf das Land Tibet mit seiner reichen kulturellen Tradition und Geschichte richtete. Ich konnte mir schlecht vorstellen, daß die Menschen hier so intensiv studieren könnten, wie dies in Tibet der Fall gewesen war. Ich war mir auch nicht ganz im klaren darüber, ob die Lehren des Buddha so aufgenommen würden, daß die Leute hier einen wirklich großen Nutzen daraus ziehen könnten. Schließlich konnte ich ja nicht feststellen, was in den Zuhörern vorging und welche Vorstellungen sie hegten. Ich beobachtete bei den ersten Kursen zwar, wie sich die meisten viele Notizen machten, dachte jedoch bei mir, daß vieles von dem Gelehrten sicherlich nicht mit ihren Auffassungen übereinstimme. Nachdem ich aber einige Kurse gegeben hatte, änderte ich

meine Meinung. Auch kamen langsam immer mehr Interessenten, unter denen sich auch zunehmend jüngere Leute befanden.

In der ersten Zeit gab es im allgemeinen wenig zu tun. Es war noch nicht so geschäftig wie heute. Die Situation im Zentrum war sehr entspannt und ruhig. In gewisser Weise war es sehr vorteilhaft, daß in Dschang Tschub Tschöling noch nicht so viele Aufgaben zu erledigen waren. So konnte ich zum Beispiel einige Zeit später für einen längeren Aufenthalt in die Schweiz fahren, wo S.H. der Dalai Lama Belehrungen über die Schrift *Bodhisattvacaryāvatāra,* den *Eintritt in das Leben zur Erleuchtung,* des indischen Meisters Śāntideva gab. Fast drei Monate konnte ich in der Schweiz bleiben.

Frage: Wurde irgendeine Entscheidung bezüglich der Dauer ihres Aufenthaltes in Deutschland getroffen? Hatten Sie selbst bestimmte Vorstellungen darüber, wie lange Sie im Westen lehren wollten? Oder hatten Sie die Absicht, möglichst bald wieder nach Indien zurückzukehren, um dort das Studium der tantrischen Lehren aufzunehmen?

Geschela: Vielleicht! Wie bereits erwähnt, hatte ich bis kurz vor meiner Abreise nicht den Plan oder die Absicht, in den Westen zu gehen. Ich hatte früher kaum einen Gedanken darauf verwendet. Im Jahre 1979, während der Zeit des großen Gebetsfestes, Mönlam Tschenmo genannt, war ich zu Besuch in dem Zentrum Tharpa Chöling (heute Rabten Chöling), das von Gesche Rabten Rinpotsche in der Schweiz gegründet und geleitet wurde. Bei dieser Gelegenheit hatte ich eine Unterredung mit ihm. Ich erzählte ihm zunächst, daß nur wenige Studenten und Interessenten im Hamburger Zentrum zu den Belehrungen kommen. Gesche Rabten Rinpotsche erkannte jedoch gleich, worauf ich hinauswollte, und entgegnete, daß dies keine große Rolle spiele. Schließlich sei ich ja ein Gesche Lharampa, der wisse, wie man sich zu üben habe. Tatsächlich hatte ich auch genügend Gelegenheit, die Schriften intensiv für mich zu studieren. Ich konnte wirklich sehr viele Texte lesen und fand darüber hinaus sogar soviel Zeit zum Spazierengehen, so daß ich noch heute all die Wege erinnern kann, auf denen ich damals gewandert bin. Weiter sagte Gesche Rabten Rinpotsche: »Und wenn schon in so einer großen Stadt wie Hamburg nur wenige Menschen ein wirkliches Interesse für die Lehren zeigen, dann wird dies an anderen Orten sicherlich nicht besser sein.« Auch hatte ich vor meiner Bestimmung zum Lehrer des Zentrums in Hamburg eine Orakelbefragung *(Mo)* von Kyabdsche Tridschang

Rinpotsche erbeten, bei der sich ergab, daß mein Deutschlandaufenthalt einen recht guten Erfolg versprechen würde. Gesche Rabten Rinpotsche wußte von diesem Ergebnis und erinnerte mich daran, daß man in diesem Jahrhundert nicht erwarten dürfe, daß das Orakel einem gute oder sehr gute Prophezeiungen bringen würde. Er sagte: »Kyabdsche Tridschang Rinpotsche ist sicher ein Wesen mit unvorstellbaren Qualitäten, dessen Ratschläge und Weissagungen man nicht in Zweifel ziehen kann.«

Buddha-Dharma im Westen

Frage: Welchen Eindruck hatten Sie von den äußeren Zuständen in Deutschland und der inneren Verfassung der Menschen?
Geschela: Zunächst war es schwierig, sich ein angemessenes Bild von den Verhältnissen hier in Deutschland zu verschaffen. Erst im Laufe der Zeit und mit Hilfe der ersten Übersetzer erfuhr ich immer mehr von den vielen Problemen der Menschen. Ich hörte von den vielfältigen Sorgen und Ängsten der Leute, von den vielen, die sogar Selbstmord begehen, von den Drogenproblemen, psychischen Krankheiten oder der Belastung durch Streß, der viele Menschen sehr nervös werden läßt. Erst glaubte ich nicht so recht, daß so viele Menschen unter den Belastungen der modernen Welt zu leiden haben. Ich verstand zunächst nicht, daß die Menschen so unruhig und nervös sein sollten, wie mir erzählt wurde. Natürlich gibt es überall auf der Welt Probleme, wenn der Geist der Lebewesen aus dem Gleichgewicht gerät. Aber daß dies hier im Westen ein so häufiges und schwerwiegendes Problem sein sollte, wurde mir erst im Laufe der Zeit einsichtig.

Was mich jedoch besonders betroffen und nachdenklich stimmte, war die Tatsache, daß so viele unglückliche Menschen Selbstmord begehen und daß es sich zudem oft um junge Leute handelt. Weil ich immer wieder von dieser Tatsache hörte, schenkte ich schließlich auch den Berichten über die anderen Probleme immer mehr Glauben. Ich machte mir Gedanken darüber, was wohl in den Köpfen der Menschen hier vor sich geht. Mir wurde klar, daß hier wohl fast keiner der Lehre von der Wiedergeburt und der Gesetzmäßigkeit von Handlungen und ihren Auswirkungen (*karma*) Glauben schenkt; sonst würden gewiß nicht so viele Menschen ihr Leben aus eigenem Entschluß beenden. Sicher denken viele, daß der Geist nur auf der

Dharma aus einwandfreier Tradition: Gesche Thubtens Unterweisungen haben ihren Ursprung in den Sūtras und Tantras des Buddha und in den Kommentaren der späteren indischen Meister wie Nāgārjuna und Śāntideva.

Grundlage von physischen Teilchen entsteht und daß der Geist verlöscht, wenn der Körper stirbt. Wenn man nicht versteht, daß der Geist immer eine direkt vorausgehende Ursache benötigt, die selber etwas Geistiges ist, gelangt man leicht zu dieser Auffassung. Ist erst einmal eine solche Auffassung entstanden, liegt der Gedanke nahe, daß dem jetzigen Leben keine weitere Existenz folgen wird und es daher keine zukünftigen Folgen mit sich bringen wird, wenn man dem Leid ein Ende bereiten will, indem man den Körper tötet.

Frage: Denken Sie, daß es bedeutende charakterliche Unterschiede zwischen den Menschen im Westen und denen in Asien gibt?

Geschela: Ich denke, daß zum Beispiel solche Gedanken und Auffassungen, wie ich sie eben erwähnte, einen Umstand für unterschiedliche Betrach-

tungsweisen von Problemen und Lösungsversuchen bilden können. Diese können wiederum gewisse Unterschiede im Charakter hervorbringen.
Frage: Haben Sie in den Jahren viel über andere Länder und die allgemeinen Weltprobleme erfahren können?
Geschela: Sicher lernte ich viele Probleme kennen, aber ich konnte wenig zur Lösung beitragen. Überall in der Welt waren Schwierigkeiten zu finden, die sich im Grunde sehr ähnelten. Mir war es jedoch nur möglich, in Übereinstimmung mit der buddhistischen Lehre den unterschiedlichen Menschen einige Erläuterungen und Ratschläge zu geben. Aber weder habe ich Einblick in das weitere Schicksal des einzelnen, noch kann ich es bestimmen. In Anbetracht der Tatsache, daß wir alle – ein jeder für sich – sterben müssen, kam es mir manchmal so vor, als ob ich den Menschen nur raten könnte, einen warmen Mantel anzuziehen, da es am nächsten Tag kalt werden könnte. Eine wirklich existentielle Hilfe, die über das jetzige Leben und den

Gesche Rabten ist viel zu verdanken: Er sandte aus dem Kreis seiner engsten Schüler Gesche Thubten ins ferne Deutschland. 1983 weihte er den Tempel in Hamburg-Rahlstedt ein.

kommenden Tod hinausgeht, konnte ich – so schien es mir – nur sehr bedingt geben.

Frage: Hat sich Ihr Denken durch die Jahre im Westen in mancher Hinsicht verändert? Wurde es deutlich, daß die Aussagen und Lehren des Buddha überall in der Welt ihre volle Gültigkeit besitzen?

Geschela: Obwohl ich selbst nur wenig Gelegenheit fand, die Lehre des Buddha durch langanhaltende Meditationen in ihrer ganzen Tiefe auszuschöpfen, machte ich doch in meiner täglichen Übung einige wirkliche Fortschritte. Insbesondere wurde mir die große Güte bewußt, die uns die großen indischen Meister wie Dharmakīrti, Candrakīrti, der Meister Nāgārjuna[38] mit seinen geistigen Söhnen, Asaṅga und andere durch ihre Schriften erwiesen haben. Denn wenn ein fähiger Meister, der diese Schriften erklärt, und ein einwandfreier Zuhörer zusammenfinden, wird der volle Gehalt offenbar. Oder anders gesagt: Es ergibt sich ein vielfältiger »Geschmack«; der Nährwert der Schriften kann in Übereinstimmung mit den Lehren des Buddha geschmeckt werden. Der gute Gehalt dieser Schriften läßt sich jedoch nur auskosten, wenn alle förderlichen Ursachen und Bedingungen bei beiden, Lehrern und Schülern, zusammenkommen: Der Unterweisende soll in dem Geben der Unterweisungen große Gewandtheit besitzen und die Lehren selbst über lange Zeit studiert und dann verinnerlicht haben; der Zuhörende soll verständig sein, soll großes Interesse, Aufrichtigkeit und Unvoreingenommenheit mitbringen. So heißt es auch in den *Vierhundert Versen (Catuḥśataka-ṣāstra-kārikā)* von Āryadeva: »[Der Schüler] wird als ein [Mensch] erklärt, der einen aufrichtigen Geist besitzt, sehr interessiert ist und ein Gefäß des Zuhörens [darstellt].« Einen aufrichtigen Geist besitzen bedeutet zum Beispiel: ehrlich, geradlinig und zuverlässig sein; Fehler als Fehlerhaftes, Tugenden als Tugendhaftes betrachten; Falsches als falsch und Korrektes als korrekt erkennen. In gewissem Sinne ist diese Aufrichtigkeit und Unvoreingenommenheit mit der Haltung eines Wissenschaftlers verwandt, der nur danach strebt, die Wahrheit zu erforschen; hier gleichen sich also die Vorgehensweise auf dem »Wissensgebiet des Inneren« und die auf dem »Wissensgebiet des Äußeren.«

Frage: Hatten Sie Gelegenheit, einiges über das Christentum und dessen religiöse Auffassungen in Erfahrung zu bringen?

Geschela: Ich selbst hatte immer wieder die Möglichkeit, direkt mit Christen

Buddhistische Meditation ist das Mittel, den Geist von negativen Eigenschaften wie Gier, Haß und Verblendung zu reinigen.

zu sprechen. Mein Interesse an den religiösen Lehren des Christentums ist dadurch sehr angewachsen. Leider stellt das Übersetzungsproblem bei solchen Zusammenkünften ein großes Hindernis für die unmittelbare Kommunikation dar.

Frage: Mit welchen Themen begannen Sie Ihre Lehrtätigkeit im Tibetischen Zentrum?

Geschela: Ich wurde zunächst gebeten, einen Kursus über die Entwicklung von Geistiger Ruhe *(śamatha)*[39] abzuhalten, entsprechend den Erklärungen in den Texten über den Stufenweg zur Erleuchtung *(Lam rim)*. Allerdings bezweifelte ich nach diesem ersten Lehrvortrag, ob er einen wirklichen Nutzen für die Zuhörer gebracht habe; denn bei den Erklärungen tauchen so viele Fachbegriffe auf, die einem Anfänger nur schwer verständlich sein können. Wenn man nicht mit den einzelnen Schritten der stufenförmigen Schulung und den diese beschreibenden Begriffen vertraut ist, kann sich kaum ein wirkliches Verständnis ergeben.

Frage: Kamen mit der Zeit immer mehr Studenten zum Zentrum, die die buddhistischen Lehren und die tibetische Sprache gründlich studieren wollten?

Geschela: Ja. Zu den Belehrungen kamen zum Beispiel einige Studenten von der Universität, die unter Gesche Gendün Lodrö[40] studiert hatten; denn leider verstarb Gesche Gendün Lodrö, der einen Lehrauftrag an der Hamburger Universität besaß und an der Gründung des Zentrums beteiligt war, nur einige Monate nach meiner Ankunft. Mit diesen Studenten begann ich einige regelmäßige Studien über die *Gesammelten Themen zum anfänglichen Pfad der Logik (bsDus grwa)*. In diesem Zusammenhang lehrte ich sie auch die Grundlagen der Debatte, die ein unerläßliches Mittel zur Durchführung eines korrekten und intensiven Studiums bilden. Unter den näher Interessierten befand sich auch ein japanischer Gelehrter, der eine japanische Übersetzung eines tibetischen Textes des Meisters Dschetsün Tschökyi Gyaltsän über die verschiedenen philosophischen Schulen innerhalb des Buddhismus gelesen hatte. Er hatte jedoch hauptsächlich die unteren Schulen studiert, nicht aber die höchste philosophische Ansicht der Prāsaṅgika-Mādhyamikas. Mit Hilfe meines damaligen englischen Übersetzers, Stephen Batchelor, gab ich ihm spezielle Erklärungen über das System dieser höchsten philosophischen Schule innerhalb des Buddhismus.

Frage: Hatten Sie damals schon Verbindungen zu den Professoren der Hamburger Universität?

Geschela: Zu Beginn meiner Lehrtätigkeit hatte ich mich noch nicht sehr um weitere Verbindungen bemüht, die außerhalb der normalen Zentrumsaktivitäten lagen. Ich hatte zunächst noch die Absicht, bald wieder in mein Kloster in Indien zurückkehren. Nach dem Tod Gesche Gendün Lodrös wurde ich von verschiedenen Seiten zu dem Versuch angeregt, seine Stelle zu übernehmen. Ich selber entgegnete jedoch, die Verantwortlichen an der Universität wüßten, daß ich in Hamburg lebe, und sie seien es, die erwägen müßten, ob eine Nachfolge erwünscht ist. Ich selbst hatte keine Ambitionen, Lehrer an der Universität zu werden, und bemühte mich daher auch in keiner Weise. Außerdem hätte ich für eine Lehrtätigkeit an der Universität Englisch oder Deutsch erlernen müssen. Bis zum damaligen Zeitpunkt hatte ich jedoch nur ein wenig Umgangsenglisch von meinen englischen Übersetzer erlernt. Außerdem war ein anderer tibetischer Gelehrter, der jetzt in Kanada lebt, als Nachfolger von Gesche Gendün Lodrö im Gespräch.

Leben in Deutschland – Reisen nach Indien

Frage: Später siedelte dann das Zentrum von Blankenese nach Hamburg-Bergedorf. Hatte dies einen besonderen Grund?
Geschela: Das hatte keinen tieferen Grund. Die Besitzer des Hauses, in dem sich damals das Tibetische Zentrum befand, wollten die Räumlichkeiten einfach anderweitig nutzen.
Frage: Wieviele aufrichtige und ausdauernde Schüler hatten Sie während dieser Zeit?
Geschela: Nicht viele. Vor allem war es Christof Spitz, der schon seit längerer Zeit mit mir zusammenarbeitete. Mit der Zeit wurde er fähig, direkt aus dem Tibetischen ins Deutsche zu übersetzen. Er lernte die tibetische Sprache zunächst von dem bereits erwähnten englischen Übersetzer, Stephen Batchelor, der den Plan gefaßt hatte, nach Korea zu gehen, was er dann auch tat. Eine Zeit lang übersetzte noch ein amerikanischer Mönch namens Brian Grabia für mich. Erst als dieser wieder nach Amerika zurückging, wurde Christof mein Übersetzer. Inzwischen hatte er den Dharma und die tibetische Sprache noch besser gelernt und wurde in dieser Periode auf Anraten von Kensur Legden Rinpotsche Mönch. Kensur Legden, der ehemalige Abt der Dsche-Abteilung des Sera-Klosters, stattete damals dem Zentrum einen Besuch ab und gab einen Kurs über den *Lobpreis an Munindra (rTen 'brel stod pa)*, einen Text von Dsche Tsongkapa, in dem er Buddhas Lehre über das Abhängige Entstehen lobpreist.
Frage: Wurden in dieser Zeit noch andere bedeutsame Gelehrte und Meister eingeladen?
Geschela: Schon vorher, im August 1981, wurde Kyabdsche Song Rinpotsche eingeladen, der Belehrungen über das Gebet *Guru Yoga der Götterscharen von Tuṣita (dGa' ldan lha brgya)* und über die Meditationsgottheit Cakrasaṃvara gab. Er verlieh auch die entsprechende Initiation dazu und gab darüber hinaus die Einweihung für die Gottheit der Barmherzigkeit, Avalokiteśvara. Ferner hielt Kyabdsche Song Rinpotsche einige Monate später noch einen Vortragszyklus in Hannover über den Daseinskreislauf. Bei dieser Gelegenheit wurde Christof Spitz zum Novizen ordiniert.

Bedeutsam waren auch die Besuche von verschiedenen hochstehenden spirituellen Meistern, insbesondere der Besuch Seiner Heiligkeit des Dalai

Die Audienz bei S.H. Dalai Lama war der Höhepunkt der Pilgerreise, die Geschela 1987 mit seinen Schülern unternahm.

Lama im Jahre 1982. Zuvor, als es darum ging, Seine Heiligkeit einzuladen, kamen mir einige Zweifel, ob eine so bedeutsame Einladung von unserem kleinen Zentrum ausgesprochen werden könne. Es standen nur begrenzte Mittel und Helfer zur Verfügung. Aber letztlich klappte alles hervorragend. Seine Heiligkeit besuchte unser Zentrum in Hamburg-Bergedorf und hielt öffentliche Vorträge, die in Zusammenarbeit mit der Hamburger Universität organisiert wurden. Außerdem besuchte er noch die umfangreiche Thangka-Privatsammlung[41] von Gerd-Wolfgang Essen. Zu den Belehrungen Seiner Heiligkeit kamen insgesamt an die zweitausend Zuhörer. Einige ältere Tibeter erzählten mir anschließend, sie hätten den Eindruck gewonnen, die Veranstaltung habe einen gewaltigen Nutzen für die Verbreitung der buddhistischen Lehre gebracht; sie hätten in ihrem Leben Ähnliches noch nicht erlebt. Weiterhin sagten sie, daß die vortrefflichen Ausführungen des Dalai Lama sich für die Gesellschaft und für das Denken der einzelnen Zuhörer als sehr segensreich erweisen würden und sie daher hoch erfreut wären. Ich selbst teilte ihre Auffassung und Freude.

Frage: Konnten Sie nach den ersten Jahren Ihrer Lehrtätigkeit Ihr Kloster Sera in Indien besuchen?

Geschela: In der Zeit, als sich das Zentrum noch in Hamburg-Bergedorf befand, besuchte ich nach gut drei Jahren Europa-Aufenthalt zum ersten Mal wieder einige der Klöster in Südindien. Dies hatte einen besonderen Anlaß; denn im ersten Monat des tibetischen Kalenders feiert man im allgemeinen bei einem großen Gebetsfest die Wundertaten des Buddha (Tib. *Cho 'phrul smon lam)*, mit denen er in Srāvasti einige bedeutende andersgläubige Lehrer überstrahlte, um sie so für die Aufnahme seiner Lehre bereit zu machen. Neben diesem alljährlichen Fest wurde der Tag gefeiert, an dem Seine Heiligkeit der Dalai Lama fünfundzwanzig Jahre zuvor in Tibet seine Gesche-Lharampa-Prüfung mit Auszeichnung bestanden hatte. Um dieses Ereignisses zu gedenken, wurden im Kloster Drepung im südindischen Mundgod einige besondere Gebete und Zeremonien abgehalten, bei denen ich zu gerne gegenwärtig sein wollte. Nach drei Jahren Deutschland-Aufenthalt hegte ich sowieso immer öfter den Wunsch, einmal wieder nach Indien zu meinem Stammkloster zu reisen. Die besonderen Festlichkeiten schienen mir der gegebene Anlaß dazu zu sein. So nahm ich also mit großer Freude an den Versammlungen teil und besuchte anschließend das Kloster Sera, wo ich meiner Abteilung einige Opfergaben darbringen konnte. Das zweite Mal konnte ich Indien erst viele Jahre später besuchen. Dies geschah erst im Winter 1987/88, als wir mit einer Gruppe Deutscher eine Pilgerreise quer durch Indien und Nepal machten.

Frage: Wie beurteilen Sie die mögliche Entwicklung und Ausbreitung der buddhistischen Lehre hier im Westen?

Geschela: Natürlich vermag ich keine Prophezeiungen zu machen. Was künftig geschehen wird, kann ich nicht voraussagen. Wahrscheinlich wird sich aber die Lehre weiter ausbreiten. Ich meine allerdings, es besteht große Gefahr, daß der Dharma mit anderen Formen von Religionen und spirituellen Praktiken zu einem großen »Eintopf« vermischt wird. Oft vermögen die Menschen nicht klar zu erkennen, wer heutzutage ein aufrichtiger religiöser Lehrer ist und wer nicht. Die Verkünder von falschen Lehren stiften sehr viel Verwirrung. Daß dies ein generelles Problem darstellt, habe ich zum Beispiel

In den Jahren 1982 und 1991 folgte der Dalai Lama den Einladungen des Tibetischen Zentrums und erteilte in Hamburg öffentliche Belehrungen.

auf dem Kirchentag in Berlin feststellen können, wo ich einige Beauftragte der christlichen Kirche während eines interreligiösen Gesprächskreises kennenlernte. Diese Beauftragten haben die Aufgabe, die verschiedenen Glaubensrichtungen, Lehrer und spirituellen Strömungen, die vornehmlich aus dem Osten stammen, zu untersuchen und zu prüfen. Bei der heutigen Vielzahl von verschiedenen Glaubensvorstellungen kann es unter Umständen einige Unstimmigkeiten und Auseinandersetzungen geben.

Daher halte ich es für wichtig, daß die religiösen Menschen sich an die eigene Tradition und Lehre halten und darüber hinaus versuchen, eine gute Beziehung und Einstellung gegenüber Andersgläubigen und anderen Formen der Religiösität zu entwickeln. Jeder hat die Freiheit, die eine oder andere Form von geistiger Tradition für sich zu wählen. Bevor man sich für eine Richtung entscheidet, sollte man die entsprechende Lehre so weit wie möglich auf ihren Wahrheitsgehalt prüfen. Viel hängt auch davon ab, daß man einen fähigen Lehrer findet. Über dieses Thema tauschte ich mich auch mit den Beauftragten der christlichen Kirche aus. Diese fragten mich unter anderem, ob es nicht gefährlich sei, sich einem Lehrer so anzuvertrauen, wie es im Tibetischen Buddhismus erklärt wird. Sie meinten, es wäre sicherer, sich auf die Wahrheit anstatt auf einen Lehrer zu verlassen. Ich entgegnete, daß dies prinzipiell kein Widerspruch sei; es hängt vielmehr ganz davon ab, ob sich der geistige Lehrer, dem man sich anvertrauen möchte, auf die Wahrheit stützt und die entsprechenden Qualitäten vollständig besitzt. Erfüllt er beide Kriterien, so kann er dem Schüler einen wirklichen Nutzen bringen. Man sollte den Lehrer also vorher genau prüfen; denn schließlich geht es dabei nicht um materielle, sondern um entscheidende geistige Entwicklungsprozesse. Ein fähiger Lehrer muß zum Beispiel über großes Wissen verfügen, er muß seinen Geist in der richtigen Weise geschult haben und auf das Wohl der anderen, insbesondere seiner Schüler, bedacht sein. Jemand, der sich nur als ein Lehrer ausgibt, die erforderlichen Tugenden jedoch nicht besitzt, handelt der Wahrheit zuwider und wird deshalb auf lange Sicht hin beim Schüler keine Förderung bewirken.

Frage: Fähige Lehrer sind für die Verbreitung und Aufrechterhaltung des Buddhismus von essentieller Bedeutung. Denken Sie, daß die junge Generation von Tibetern, die heute in den Exil-Klöstern in Indien ausgebildet wird, ebenso große Meister hervorbringen wird, wie dies noch in Tibet der Fall gewesen war?

Geschela: Sicher! Das Studium ist mittlerweile wieder genauso wie früher in den großen tibetischen Studienzentren. Allerdings gibt es einen Unterschied bezüglich der Anzahl solcher Meister. In Tibet war die Anzahl der Mönchs-Studenten wesentlich höher.

Natürlich wird auch nicht jeder ein buddhistischer Meister. Wie früher findet man auch heute in jeder Klasse fünf verschieden begabte Schüler. Man kann sie mit den fünf Fingern einer Hand vergleichen: Von fünf Schülern werden vielleicht einer oder zwei gute Lehrer; zwei sind meist weder gute Schüler noch werden sie gute Lehrer; und meist ist auch einer dabei, der noch nicht einmal den Belehrungen richtig Gehör schenkt.

»Der Klang des weissen Muschelhorns aus der Ferne«

von Dschampa Khedrup Rinpotsche

Dieser Ratschlag, der zum Heilsamen auffordert, wurde von Dschampa Khedrup Rinpotsche auf Bitten seines Schülers Gesche Kalsang Tobtschän verfaßt. Gesche Kalsang stammte aus der osttibetischen Ortschaft Kandse und studierte in späteren Jahren im Kloster Sera unter der Leitung von Dschampa Khedrup Rinpotsche. Als dieser wieder zurück in sein Stammkloster Dargyä ging, wurde er von seinem Schüler – durch die räumliche Trennung schmerzlich berührt – um eine Anweisung zur Schulung seines Geistes gebeten. Gesche Dschampa Khedrup sandte ihm daraufhin einen Brief mit folgenden Ratschlägen.

Der gütige Vater [Pabongka] Detschen Nyingpo verweilt als Beschützer auf meinem und der anderen Scheitel, die wir seine Diener sind.

[An meinen Schüler Kalsang Tobtschän], der gutes karmisches Geschick und die Kraft des Vertrauens besitzt.

Kind, obwohl man dich nicht zum Heilsamen anhalten muß, werde ich dir deinem Wunsche entsprechend folgendes sagen:

Wenn du die Verstrickungen dieses Lebens nicht durchtrennst, wirst du wie ich, der alte Dharma-Übende, einzig und allein von den Ablenkungen der Illusionen dieses Lebens davongetragen.

Kind, meditiere immer wieder die Ungewißheit der Todesstunde. Wenn du dich nicht aus ganzem Herzen von der Anhaftung an das [samsarische] Dasein abkehrst, wirst du wie ich, der alte Dharma-Übende, von den Fesseln der fehlerhaften Taten fest gebunden.

Kind, meditiere immer wieder die Leiden des Daseinskreislaufes. Wenn du dem Wunsch, nur für dich allein Glück [zu erlangen], nicht den Rücken kehrst, ist gewiß, daß du wie ich, der alte Dharma-Übende, die Wurzel des Mahāyāna-Pfades abschneidest.

Kind, meditiere immer wieder liebevolle Zuneigung und Mitgefühl. Wenn du die Täuschungen der extremen Erfassensweise nicht völlig von dir wirfst, wird es so sein, als ob du so wie ich, der alte Dharma-Übende, nur einen einseitigen Pfad beschreitest und keine der Hohen Ebenen *(bhūmi)* erlangst.

Kind, bemühe dich um Methoden des Verständnisses des Abhängigen Entstehens.[42]

Wenn du das Dharma-Tor des Geheimen Großen Fahrzeugs nicht durchschreitest, wird die höchste Vereinigung [von Methode und Weisheit] für dich wie für mich, den alten Dharma-Übenden, [so nicht-existent] wie eine Lotusblume im Himmel sein.

Kind, sammle Anlagen für den Pfad der zwei Stufen.[43] Gibst du so wie ich, der alte Dharma-Übende, die Wurzel für die Verwirklichungen auf, werden die höchsten und gewöhnlichen Verwirklichungen dem Fell einer Schildkröte[44] gleichen; deshalb Kind, hüte deine Versprechen und Gelübde wie deinen Augapfel.

Doch was muß ich noch viel erklären – lausche den Lehren des Vaters [Tsongkapa], des zweiten Siegers.[45]

Leben und Lehrtätigkeit in Deutschland

Frage: Wie fühlen Sie sich hier in Deutschland?
Geschela: Ich bin nicht unglücklich.
Frage: Was bedeutet das?
Geschela: Es geht mittelmäßig. Ich habe keine besonderen Probleme, aber ich bin auch nicht überschwenglich glücklich.
Frage: Würden Sie lieber in Tibet oder Indien leben als in Deutschland?
Geschela: Gesundheitlich wäre es in Indien sicherlich schlechter für mich als in Deutschland. Vom Geist her ist es egal, wo ich lebe.
Frage: Sind Sie mit der bisherigen Entwicklung des Tibetischen Zentrums zufrieden?
Geschela: Ich denke, daß ich, der ich ein gewöhnlicher Gesche bin, mit der Entwicklung zufrieden sein kann. Relativ gesehen, gemessen an meinen Fähigkeiten, ist es gut gelaufen. Seit ich hier unterrichte, studieren viel mehr Menschen den Buddhismus. Viele sind Buddhisten geworden, haben Zuflucht genommen und bestimmte Gelübde auf sich genommen. Manche studieren und meditieren den Lamrim. Inzwischen sind die Aktivitäten so vielfältig, daß die Übersetzer nicht mehr ausreichen. Die Entwicklung ist zufriedenstellend.
Frage: Aber besteht nicht gerade durch all die Aktivitäten die Gefahr der Institutionalisierung des Zentrums?
Geschela: Doch, ich sehe, daß diese Gefahr immer gegeben ist, besonders in dieser Zeit, in der sich das Zentrum ausdehnt. Das ist auch der Grund, warum ich immer wieder betone, daß die Menschen, die ins Zentrum kommen, den Buddhismus nicht nur oberflächlich kennenlernen dürfen, sondern in die Tiefe gehen müssen. Diejenigen, die den Dharma intensiv studieren, müssen miteinander sprechen und sich immer wieder fragen, wie man das Gelernte am besten umsetzen kann. Wenn das gewährleistet ist, wenn man aufeinander zugeht und miteinander spricht, wenn man sich immer wieder Gedanken macht, wie Stabilität in der buddhistischen Praxis zu erreichen ist, dann kann die Gefahr der Institutionalisierung abgewendet werden. Ich kann nur den Dharma erklären, aber nicht bis in alle Einzelheiten

Im Westen ist es selten, daß ein Lama an einem Ort lebt und lehrt. Geschela schuf die Voraussetzungen dafür, daß ein Saṅgha gedeihen konnte.

die Umsetzung der Lehren leiten; das muß von den Menschen kommen, an die ich den Buddhismus weitergebe.

Frage: Haben – bei all den Aktivitäten und Verpflichtungen – die einzelnen überhaupt noch Zeit, darüber nachzudenken und sich miteinander auszutauschen? Welche Bedingungen sind dafür förderlich?

Geschela: Es ist sehr wichtig, eine gute Gemeinschaft zu haben. Wenn die Arbeit nur an wenigen hängenbleibt, kann man nicht erwarten, daß sich diese auch noch Freiräume schaffen können, um Verbesserungen herbeizuführen. Das hängt von allen ab, die herkommen, inwieweit sie sich engagieren und einbringen. Wenn es Menschen gibt, die nicht nur reden, sondern auch zupacken und mithelfen, kann eine stabile Gemeinschaft entstehen, die vor negativen Einflüssen geschützt ist. Das beugt auch der Gefahr vor, daß einzelne sich besonders hervortun, in Machtpositionen bringen und so weiter.

Frage: Das Studium ist der Schwerpunkt der Arbeit des Tibetischen Zentrums, aber Studieren allein reicht nicht. Welche Bedingungen müssen wir noch schaffen, damit spirituelles Wachstum möglich ist?
Geschela: Das Entscheidende ist, das, was man studiert, in die Tat umzusetzen – sowohl in der Meditation als auch im täglichen Leben. Wenn man so praktiziert, wird es einem körperlich und geistig gut gehen, und man wird sich bemühen, anderen, der Gesellschaft zu nutzen. So muß jeder selbst die Bedingungen für sein spirituelles Weiterkommen schaffen – Klausuren über Lamrim durchführen, sich mit anderen Buddhisten darüber austauschen, wie man Dharma im täglichen Leben verwirklicht, Dialoge führen – wie zum Beispiel den Interreligiösen Dialog oder den Arbeitskreis Psychologie. Man muß sich auch mit den westlichen Geisteswissenschaften und Religionen auseinandersetzen und ins Gespräch kommen, um den Dharma mit der westlichen Kultur zu verbinden.

Studium und Klausuren für Ordinierte und Laien

Frage: Wie soll sich das Zentrum Ihren Wünschen nach entwickeln?
Geschela: Ich habe klare Vorstellungen darüber, wie das einmal aussehen könnte. Zum einen möchte ich gern, daß wir eine Studienstätte haben, eine Art Schule oder Universität – es ist egal, welchen Namen man dafür wählt. Das muß ein Ort sein, wo man den Buddhismus studiert. Die Studenten sollten so gut ausgebildet werden, daß sie den Stoff dann an andere weitergeben können, so daß sich das System immer weiter fortsetzt und selbst trägt. Dann wünsche ich mir, daß es einen Klausurort gibt – für die Menschen, die den Dharma in der Studienstätte länger studiert haben und nun wünschen, sich um die Verwirklichung des Gelernten zu bemühen. Sie müssen sich hierhin zurückziehen können, um den Studienstoff in der Meditation zu vertiefen. Wenn wir einen solchen Klausurort in der Nähe hätten, wäre das sehr gut.
Frage: Sollen beide Möglichkeiten nur für Ordinierte oder auch für Laien bestehen?
Geschela: Das schließt sich nicht aus. Was die Wohnbedingungen betrifft, müßten die Ordinierten abgetrennt von den Laien leben – vielleicht in getrennten Häusern, zumindest aber auf getrennten Etagen. So hätten die

»Allein die Manipulation der äußeren Welt kann das erstrebte Ziel eines tiefen, dauerhaften Glücks nicht gewähren.«

Laien, die Nonnen und die Mönche jeweils eine Wohnabteilung für sich. Arbeiten, studieren, meditieren etc. kann man gemeinsam. Ich möchte auf jeden Fall, daß sich niemand ausgeschlossen fühlt. Es gibt Klöster, die sagen, hier dürfen keine Laien und keine Nonnen herkommen. Es liegt nicht in meiner Absicht, jemanden auszuschließen, es soll für alle Platz sein. Es paßt nicht in die heutige Gesellschaft, zu starr an der Tradition festzuhalten.

Frage: Paßt es nur nicht in den Westen, oder wäre es auch in Tibet nicht mehr möglich?

Geschela: In asiatischen Ländern wäre es wohl auch heute noch angemessen, weil die Menschen von klein auf so erzogen sind. In Sri Lanka zum Beispiel dürfen Frauen nicht in ein Mönchskloster gehen. Aus dieser Tradition heraus betrachtet, hat das Prinzip der strikten Trennung zwischen Ordinierten und Laien, zwischen Mönchen und Nonnen etc. in gewisser Weise noch seine

Berechtigung. Im Westen wäre jedoch eine ganz strenge Klosterdisziplin nicht durchführbar, allein schon die Lebensumstände wären dafür nicht geeignet. Was kostet zum Beispiel der Lebensunterhalt eines Mönches oder einer Nonne hierzulande? Es ist sehr mühsam, die Mittel dafür aufzubringen. In Asien hingegen sind die Ordinierten sehr fest in die Gesellschaft eingebunden, und viele Menschen sorgen für sie, haben Vertrauen zu ihnen und so weiter. Das ist im Westen überhaupt nicht gegeben.

Frage: Wie stellen Sie sich westliches Klosterleben vor?

Geschela: Wenn mindestens vier Ordinierte zusammenleben, handelt es sich nach dem Vinaya um ein Kloster, ganz gleich, ob es äußerlich gesehen ein Zentrum, ein Klausurhaus oder ähnliches ist. In der Hauptsache geht es darum, den Buddhismus zu studieren und zu praktizieren – das können Ordinierte und Laien zusammen. In welcher Intensität man das tun kann, hängt von den Bedingungen ab.

Man wird arbeiten müssen, und es ist die Frage, ob man darüber hinaus Zeit für eine Ausbildung bekommt. Das ist abhängig davon, wieviel Unterstützung man anderweitig empfängt. Ich habe dafür leider auch kein Patentrezept, weil ich nicht weiß, welche Möglichkeiten man dafür im Westen schaffen kann. Ich sehe nur, daß alles sehr teuer ist und daß es sehr schwierig ist, ein religiöses Leben zu finanzieren.

Frage: In manchen christlichen Orden wird der soziale Aspekt wie Seelsorge und dergleichen stark betont. Könnte es sein, daß auch buddhistische Mönche und Nonnen solche Aufgaben wahrnehmen müßten?

Geschela: Ja genau. Wenn ich davon spreche, daß die Ordinierten arbeiten, dann denke ich hauptsächlich an soziale Arbeiten. Alles, was anderen Wesen schadet, Waffenproduktion etc., wäre nicht angebracht; solange es Arbeit ist, die den Menschen wirklich hilft, ist das sehr gut.

Frage: Kann man Verwirklichungen erlangen, wenn man seine ganze Zeit für Arbeit und Studium aufwenden muß?

Geschela: Nein.

Frage: Was bedeutet das für unsere Dharma-Praxis?

Geschela: Das wichtigste ist eine altruistische Einstellung. Es ist auch nicht gesagt, daß die Meditation, die man nach Feierabend durchführt, wenn der Geist dumpf und müde ist, Verwirklichungen hervorbringt. Das bloße Sitzen ist kein Zeichen für eine gute Meditation.

Frage: Heißt das, daß man sich spirituell hoch entwickeln kann, wenn man mit einer guten Motivation arbeitet?
Geschela: Diese Möglichkeit mag es geben, aber man müßte viele gute Anlagen aus früheren Leben mitbringen. Wenn man die Meditation ganz beiseite läßt, ist es nicht gut.
Frage: Glauben Sie, daß man heute in der Konsumgesellschaft noch Befreiung oder Erleuchtung erlangen kann?
Geschela: Wenn man die nötige Entschlossenheit besitzt, ist es möglich. Man muß wirklich entschieden sein, alles zu tun, um dieses Ziel zu erreichen, so daß man auch im Tod keine Reue empfindet und mit der Überzeugung stirbt, sein Bestes gegeben zu haben – mit einer solchen Entschlossenheit, ist es auch hier im Westen zu verwirklichen.
Frage: Aber die Ablenkungen sind vielfältig...
Geschela: Wer sich noch ablenken läßt, besitzt keine allzu große Entschlossenheit. Wenn man wirklich auf das Ziel gerichtet ist, kann einen nichts mehr ablenken.

Diejenigen, die glauben, was man sagt, werden mehr...

Frage: Vertrauen zum geistigen Lehrer ist die Grundlage für den gesamten Pfad. Wie können wir das hier entwickeln?
Geschela: Ja, das ist richtig. Es heißt, daß die Beziehung zum geistigen Lehrer die Wurzel dafür ist, den Pfad im eigenen Geist hervorbringen zu können. Diese Anweisung ist gleich für alle Stufen von Praktizierenden und wird insbesondere im Mahāyāna betont. Ich glaube nicht, daß es die westlichen Menschen schwerer haben, dieses Vertrauen zu entwickeln. Ich denke, daß es für die Tibeter genauso schwierig ist.
Frage: Aber wir sind doch so kritiksüchtig und zweiflerisch.
Geschela: Ja, das mag durch die gesellschaftlichen Verhältnisse bedingt sein.
Frage: Schadet die Vereinsstruktur, wo alle über alles mitreden und mitentscheiden wollen, nicht dem optimalen Verhältnis zwischen Lehrer und Schülern?
Geschela: Die freie Meinungsäußerung, das Mitreden stehen nicht im Widerspruch zum Anvertrauen an den geistigen Lehrer. Probleme entstehen, wo man ständig versucht, Fehler im Lehrer zu finden, wenn man meint, die

Dinge gleich auf den ersten Blick beurteilen zu können. Schwierig ist es, wenn man sich nicht vor Augen führt, daß man selbst nicht allwissend ist und die Dinge anders sind, als sie erscheinen, wenn man nicht in Betracht zieht, daß man selbst eine Situation falsch einschätzt.

Frage: Begegnen Ihnen diese Fehler hier häufig?

Geschela: Persönlich habe ich noch keine schlechten Erfahrungen damit gemacht, ich dachte an Lehrer allgemein, auch hier in den Schulen; die haben es, glaube ich, ziemlich schwer. Was mich betrifft, weiß ich nicht, welche Gedanken die Leute hegen: Ihren Äußerungen ist nicht zu entnehmen, daß sie mich übermäßig kritisieren.

Frage: Sind westliche Schüler den Lehrern gegenüber zu unkritisch, das heißt untersuchen sie nicht genug ihre inneren Qualitäten und Tugenden?

Geschela: Ich glaube, daß die Lehrer hier nicht auf ihre wirklichen Tugenden hin untersucht werden. Oft wird nur von der Programmankündigung ausgegangen – man fährt hierhin und dorthin, von einem Lehrer zum anderen, von einem Kursus zum nächsten. Ob diese Reisen mit dem Vorsatz unternommen werden, den Lehrer wirklich auf seine Qualifikation hin zu überprüfen und zu schauen, ob man ihn zu einem persönlichen Lehrer machen könnte, möchte ich bezweifeln.

Frage: Wie ist es für Sie, westliche Schüler zu unterrichten?

Geschela: Wenn man hier etwas erklärt, muß man ständig im Hinterkopf haben, daß die westlichen Schüler weder mit der Wiedergeburt vertraut sind noch mit dem Gesetz von Karma und Wirkung. Das muß man bei allen Unterweisungen immer mitberücksichtigen. Wenn man Tibeter unterrichtet, kann man sofort sagen: »Sei vorsichtig, das ist unheilsam, damit sammelst Du schlechtes Karma«, oder: »Das solltest Du tun, dadurch entstehen heilsame Eindrücke« usw. Man kann es direkt benennen, wie es ist; das ist in dieser Form im Westen nicht möglich. Die Tibeter fragen auch nicht, wieviel Kilometer es von Bodhgaya bis zur Hölle sind. Der Lehrer erklärt alles, was er für angemessen hält, und die Schüler hören aufmerksam zu und denken, das stimmt sicher, das wird schon richtig sein.

Frage: Und die Menschen im Westen?

Geschela: Diejenigen, die das glauben, was man sagt, werden mehr. Die Situation hat sich gegenüber der Anfangszeit gewandelt. In einer Zeitung hat neulich gestanden, daß in der Bundesrepublik 20 Prozent der Menschen an

die Wiedergeburt glauben; das wäre vor 15 Jahren undenkbar gewesen.
Frage: Gibt es Dinge, die Sie hier nicht lehren würden?
Geschela: Es gibt alte Erklärungen, die zum Beispiel die Geburt einer Frau als niedriger darstellen als die eines Mannes. So etwas würde ich nicht lehren. Wenn Tibeter mit solchen Einstellungen zu mir kommen, zum Beispiel wenn tibetische Frauen zu mir sagen, sie könnten dieses oder jenes nicht, weil sie »nur« Frauen seien, dann antworte ich ihnen, daß diese Einstellung falsch ist, daß sie von solchen Vorstellungen Abstand nehmen sollen.
Frage: Davon abgesehen, könnte man den gesamten Dharma hier lehren?
Geschela: Ja, man kann alles, was man den Tibetern lehrt, auch im Westen lehren.
Frage: Wir haben es sehr schwer, Erfahrungen mit der Leerheit[46] zu machen. Wie ist es, wenn man die Leerheit erfährt?
Geschela: Darüber kann ich nichts sagen, weil ich sie noch nicht erfahren habe.
Frage: Wie kann man über ein begriffliches Verständnis hinausgelangen?
Geschela: Es gibt die Gültige Schlußfolgernde Erkenntnis der Leerheit...
Frage: ...ist es das, was wir im Studium erreichen können?
Geschela: Möglich wäre das, aber es ist ungeheuer schwer, auch nur diese einwandfreie Schlußfolgerung von der Leerheit zu entwickeln. Zwischen dieser schlußfolgernden Erkenntnis oder auch einem Zweifel, der zum Richtigen tendiert einerseits, und der direkten Einsicht in die Leerheit andererseits, gibt es sehr viele Abstufungen und Möglichkeiten, Erfahrungen mit der Leerheit zu machen. Man muß versuchen, sich im täglichen Leben, so oft es irgend geht, die Leerheit bewußt zu machen. Wenn man immer wieder darüber nachdenkt und seinen Geist zunehmend mit der Leerheit vertraut macht, werden die Eindrücke tiefer. Das sind die indirekten substantiellen Ursachen für die klare Erkenntnis der Leerheit.

Es verhält sich wie mit schmutziger Kleidung, die man in die Waschmaschine steckt; das ist die indirekte Ursache dafür, daß man sie nach der Wäsche wieder sauber herausnehmen kann. Dazwischen liegen noch viele Momente mit verschiedenen Reinheitsstufen, deshalb spricht man von einer indirekten Ursache. Die einwandfreie Schlußfolgerung, die die Leerheit begrifflich erfaßt, ist die indirekte substantielle Ursache für die unmittelbare, nicht-begriffliche Einsicht in die Leerheit.

Frage: Und welche anderen Umstände sind förderlich?
Geschela: Mitgefühl und Sammeln von Verdienst. Man muß sich von negativen Eindrücken reinigen. Śāntideva sagt: »Daß diese ganze Schar [von Vollkommenheiten] der Einsicht dient, hat der Weise gesagt.«

In Śāntidevas *Eintritt in das Leben zur Erleuchtung* wird das so erklärt: Die Kapitel eins bis acht sind quasi Zweige des neunten Kapitels; alle Anweisungen, die in den ersten acht Kapiteln beschrieben werden – vom Lob des Erleuchtungsdenkens bis hin zur Vollkommenheit der Versenkung, sind Ursachen für die Weisheit.

Wenn man die Zügel zu locker lässt, geht der Geschmack des Dharma verloren

Frage: Was ist Ihr wichtigster Rat an uns?
Geschela: Man sollte sich vergegenwärtigen, daß man jemand ist, der Religion akzeptiert, und man sollte sich als religiösen Menschen betrachten. Man muß sich bewußt machen, daß man als Buddhist in die Lehre eingetreten ist. Da man sich dazu entschlossen hat, sollte man nach besten Kräften den Dharma anwenden. Man muß es aufgeben, anderen zu schaden und stattdessen anderen so viel wie möglich nutzen.
Frage: Was erwarten Sie von Ihren Schülern?
Geschela: Eine große Hoffnung habe ich schon..., daß Ihr Euch sehr viele Gedanken darüber macht, wie man es im ausgehenden 20. und am beginnenden 21. Jahrhundert schaffen kann, in Deutschland den Buddhismus zu praktizieren, ohne daß er von der Moderne überrollt wird, so daß er vollständig und vollkommen mit seinen Erklärungen und Überlieferungen erhalten werden kann. Das bereitet mir persönlich sehr große Sorgen.
Frage: Das ist keine geringe Aufgabe... Können wir dieser Verantwortung gerecht werden?
Geschela: Die Frage ist falsch gestellt. In dem Moment, da man Buddhist geworden ist, hat man diese Verantwortung bereits – ob man sie haben möchte oder nicht.
Frage: Man hat sie, aber ob man ihr gerecht wird, ist noch eine andere Frage...
Geschela: Dann muß man sich bemühen, ihr gerecht zu werden. Wenn man

aber, anstatt sich anzustrengen, meint, daß der Dharma nicht stimmt, der Erklärende sich irrt, daß der Lehrer zu konservativ oder zu streng ist, daß Dharma nicht in die heutige Zeit paßt – wenn man versucht, mit solchen Argumenten die Verantwortung abzuschieben, dann wäre das nicht die richtige Haltung.

Manche unterstellen mir, daß ich zu streng bin, zu traditionell, zu konservativ, daß ich zu sehr an Traditionen festhalte. Gehe ich jedoch nach Indien in mein Kloster, gelte ich dort als einer der modernsten und fortschrittlichsten Gesches. Wenn ich in Indien unter meinen Landsleuten bin und zu einigen Themen Stellung nehme, stoße ich mitunter auf erschrockene Gesichter und höre Bemerkungen wie »Meinen Sie wirklich, daß es so ist, daß man es so betrachten muß?« Die Wahrheit liegt wahrscheinlich in der Mitte.

Man muß aufpassen: Wenn man die Zügel zu locker läßt, besteht die Gefahr, daß man überhaupt keinen Nutzen mehr bewirken kann und der Geschmack des Dharma verloren geht. Aber es gibt auch einiges, was über die Jahrhunderte in Tibet überliefert wurde und was der Veränderung bedarf und nicht mehr in der gleichen Form weitergeführt werden kann wie bisher.

Frage: Können Sie Beispiele nennen?

Geschela: Heute habe ich eine spezielle Pūja durchgeführt. Wenn ich in Tibet wäre, hätte ich dafür sehr viele Tormas gefertigt – aus verschiedenen Substanzen – hätte sie rot angemalt, mit Butter verziert und so weiter. Stattdessen bin ich nebenan ins Geschäft gegangen, habe einige Scheiben Brot gekauft, diese übereinandergelegt und mit einigen Butterflocken versehen. Das reicht aus.

Frage: Welche Ziele verfolgen Sie für sich selbst in den nächsten Jahren?

Geschela: Ich habe eben schon meine Zukunftsperspektiven für das Zentrum erläutert. Darüber hinaus habe ich vor, meine Drei-Jahres-Klausur zu machen. Die Zeit muß zeigen, ob das möglich ist oder nicht. Ich möchte, daß sich Studien- und Klausurstätte entwickeln. Wenn ich meine Klausur beginnen kann, ohne die Gefahr, daß eines dieser beiden Projekte Schaden nimmt, werde ich es tun. Aber wenn ich den Eindruck habe, daß die notwendige Stabilität noch nicht erreicht ist, werde ich die Klausur nicht machen können.

Frage: Dann hängt es also von Ihren Schülern ab, ob Sie Ihre Drei-Jahres-Klausur durchführen können?

Geschela: So ist es. Du sprichst aus, was ich dachte. Seine Heiligkeit der Dalai

Lama fragte mich im Dezember, wie es mit meinen Plänen stünde; da ich ein Versprechen abgelegt hätte, müßte ich die Klausur wohl auch durchführen. Ich könne nebenbei schon mit den Vorbereitenden Übungen anfangen. Der Dalai Lama sagte nicht, daß es für die Klausur jetzt höchste Zeit wäre, aber daß ich immer wieder intensiv den Wunsch hegen solle, sie durchzuführen.

»Wir sollten uns bewußt machen, daß wir alle denselben Lehrer haben – Buddha Śākyamuni.«

Teil II

Unterweisungen

Einführung in den Buddhismus

Die folgenden Erklärungen beziehen sich nicht nur auf den tibetischen Buddhismus, sondern insgesamt auf die Anweisungen, die der Buddha als Gründer dieser Religion vor mehr als 2500 Jahren in Indien gegeben hat. Der Lebensgeschichte des Buddha ist zu entnehmen, daß er seine Jugend zunächst als Prinz in einem Königshaus verbrachte. Dann erkannte er jedoch die Nachteile und Unzulänglichkeiten eines solchen weltlichen Palastlebens, und er entwickelte den Wunsch nach einem religiösen Leben und nach Befreiung aus den Fesselungen dieser Welt. Daraufhin entschied er sich, das Palastleben aufzugeben und als Mönch zu leben. Sechs Jahre lang übte er unter großen Entbehrungen tiefe Meditation. Am Ende dieses Weges erlangte er unter dem Bodhibaum in Bodhgaya in einer letzten tiefen Meditation die Erleuchtung, indem er aus seinem Geist alle negativen Faktoren wie Begierde, Haß und Verblendung vollständig tilgte. Um den Menschen zu helfen, wanderte er von seinem 35. bis zu seinem 80. Lebensjahr in Indien umher und lehrte den Weg, den er selbst beschritten hatte und somit durch seine eigene Erfahrung bestätigt fand.

Das Fundament der Lehre: Gewaltlosigkeit und die Erkenntnis des Abhängigen Entstehens

Gewaltlosigkeit ist eine Wurzel des Buddhismus. Der Buddha lehrte ein Verhalten und Denken, das andere nicht schädigt und ihnen kein Leid zufügt. Er wies seine Schüler an, die Zehn Unheilsamen Handlungen zu vermeiden: drei körperliche – Töten, Stehlen und sexuelle Verfehlungen –, vier sprachliche – Lügen, Zwietracht Säen, verletzende Rede und sinnlose Rede – und drei geistige – Habgier, Übelwollen und Festhalten an verkehrten Ansichten. Gewaltloses Verhalten ist zu verbinden mit der Einsicht in die abhängige Natur der Wirklichkeit – das ist die zweite Wurzel seiner Lehre.

Gewaltverzicht ist nicht nur im Buddhismus, sondern in allen Religionen und Philosophien zu finden, die für die Menschen hilfreich sind. Das Besondere an der Lehre des Buddha Śākyamuni ist, daß diese Ethik der

Gewaltlosigkeit mit der Gesetzmäßigkeit des Abhängigen Entstehens begründet wird. Der Buddha wies darauf hin, daß die Ausübung von Gewalt, das Schädigen anderer durch Töten, Stehlen und dergleichen nicht nur gegenwärtig andere Wesen schädigt, sondern auf lange Sicht auch einem selbst Schaden zufügt. Dieser Zusammenhang ist auf die Gesetzmäßigkeit des Abhängigen Entstehens zurückzuführen, die auch auf innerem, geistigem Gebiet wirkt. Jede Handlung hinterläßt Wirkungskräfte im Handelnden selbst, und schädigende Handlungen werden für ihn Leiden nach sich ziehen. Das mag man bezweifeln. Man mag denken, daß die Handlung auf den Handelnden selbst keine weiteren Auswirkungen mehr hätte, wenn sie ausgeführt und vergangen ist. Von vielen anderen Gebieten wissen wir jedoch, daß Ursachen nicht ohne Wirkungen bleiben, und wir können beobachten, daß aus Ursachen solche Resultate entstehen, die in ihrer Natur mit den Ursachen übereinstimmen.

Gewaltlosigkeit nutzt allen am meisten

Den Zusammenhang von Ursachen und Wirkungen erkannte der Buddha auch auf innerem Gebiet, und er zeigte, daß das eigene Glück und Leiden von entsprechenden inneren Ursachen abhängt. Aus negativen Verhaltensweisen entstehen für den Handelnden selbst entsprechend negative Wirkungen, also unerwünschte Leiden. Oft können wir beobachten, daß jemand im Leben ganz unvorhergesehen, ohne ersichtlichen Grund Schaden erleidet, sei es in Verbindung mit seinem Besitz, seiner Gesundheit, seinen Beziehungen zu anderen etc. Der Buddha stellte in seiner Lehre heraus, daß solche Ereignisse tatsächlich nicht ohne entsprechende Ursachen geschehen. Sie haben ihre inneren Ursachen in der Person, die dieses Leid erfährt; sie selbst hat in der Vergangenheit durch ihre eigenen Taten entsprechende Ursachen in sich gelegt. Solche Handlungen können sehr weit in die Vergangenheit zurückreichen.

Kurz, der Buddha lehrte, daß alle Handlungen, ob positiv oder negativ, zusätzlich zu der äußeren Wirkung auch innere Resultate bei dem Handelnden selbst hervorrufen. Eine innere Einstellung, die frei von Gier, Haß, Verblendung und anderen leidverursachenden Bewußtseinsfaktoren ist, zusammen mit einem äußeren Verhalten, das andere nicht schädigt, ist deshalb hilfreich für die Wesen in der eigenen Umgebung und auf lange Sicht auch für den Handelnden selbst. Gewaltloses Verhalten ist das Förderlichste sowohl für das Zusammenleben in der Gemeinschaft als auch für das Individuum selbst.

Den eigenen Geist disziplinieren

Der Buddha betonte, daß jedes äußere Verhalten von der eigenen Geisteshaltung abhängt; deshalb ist besonderes Augenmerk auf das eigene Bewußtsein und dessen positive und negative Eigenschaften zu richten. Er lehrte die Mittel gegen unheilsame, sich leidvoll auswirkende Eigenschaften und Methoden, die den eigenen Geist so disziplinieren, daß heilsame, glückbringende Faktoren an die Stelle der schädigenden treten. Die Übungen auf diesem Weg bauen aufeinander auf. Zuerst sorgt man für ein ethisch einwandfreies Verhalten; auf dieser Grundlage übt man die meditative Konzentration des Geistes; und im Zustand dieser inneren Ruhe und Klarheit vertieft man die Weisheit, die die letztgültige Wirklichkeit erkennt. Diese drei Schulungen von Ethik, Konzentration und Weisheit werden von einer Vielzahl heilsamer Faktoren unterstützt, die alle zur Disziplinierung des Geistes beitragen. Dadurch wird es möglich, eine dauerhafte Freiheit von Leiden zu erreichen, die Befreiung.

Die Unfreiheit in unserem Leben können wir selbst feststellen: Wir werden unfreiwillig in eine Existenz hineingeboren, die wir uns nicht ausgesucht haben. Die Unfreiheit setzt sich dann im Leben und schließlich über den Tod hinaus fort, wenn wieder eine neue Existenz beginnt. Nach der Lehre des Buddha kann eine völlige Befreiung von diesem Kreislauf unfreier, leidvoller Existenzen nur dadurch erreicht werden, daß man die Wurzeln der Unfreiheit im eigenen Geist beseitigt; dies ist allein mit den wirksamen Mitteln zur Schulung des eigenen Geistes zu verwirklichen.

Liebe und Mitgefühl für alle Wesen

Es gibt Wesen von unterschiedlichen Veranlagungen und Fähigkeiten. Für viele ist die persönliche Befreiung aus dem Kreislauf des Leidens noch nicht das höchste Ziel, und sie ist tatsächlich noch nicht das Höchste, das wir mit dem Potential unseres Geistes erreichen können. Deshalb hat der Buddha Unterweisungen für die Bodhisattvas gegeben; das sind diejenigen, die nicht hauptsächlich nach persönlicher Befreiung streben, sondern den anderen Wesen in vollendeter Weise helfen wollen, und zu diesem Zweck streben sie die vollkommene Buddhaschaft an. In diesen Unterweisungen des Großen Fahrzeugs, des Mahāyāna, wird die Geistesschulung zur Entwicklung von Altruismus beschrieben, die auf der Entfaltung von liebevoller Zuneigung und Mitgefühl gegenüber allen Wesen basiert. Diese Schulung wird nicht bloß verbal vollzogen, sondern muß den Geist so wandeln, daß die Eigenschaften von liebevoller Zuneigung und Mitgefühl zu einer echten inneren Empfindung werden. Baut man diese Haltung weiter aus, bringt sie einen Altruismus hervor, der sich auch in äußeren Handlungen zeigt, und man übt sich darin, für das Wohl anderer Verantwortung auf sich zu nehmen und ihnen in vielfältiger Weise zu helfen. Das ist der Weg eines Bodhisattvas.

Solch ein Altruismus ist abhängig von der zuvor beschriebenen Disziplinierung des eigenen Geistes; denn will man einen vollendeten Altruismus verwirklichen und das höchste Wohl für andere erreichen, genügt es nicht, sich allein auf materielle Hilfe zu beschränken. Diese ist zwar hilfreich, kann aber allein die Bedürfnisse der anderen Wesen nicht vollständig erfüllen. Es ist vielmehr ein Zustand anzustreben, in dem man die Fähigkeiten hat, anderen die wirksamen Mittel zu zeigen, wie sie sich dauerhaft aus diesem Kreislauf von unfreiwilligen Existenzen, Leiden und Schwierigkeiten befreien können. Wenn man diese Fähigkeiten erreicht, dann hat man tatsächlich das höchste Ziel für andere verwirklicht.

Tantra – der schnellste und höchste Pfad

Wie ist das höchste Ziel zu verwirklichen? Man übt die Haltung von Liebe und Mitgefühl ein und schult darauf aufbauend die sogenannte außergewöhnliche Geisteshaltung, das heißt die Verantwortung für das Wohl der anderen. Man muß die eigenen Unzulänglichkeiten und Fehler vollständig beseitigen und alle Tugenden vervollkommnen, um diese Aufgabe in endgültiger Hinsicht bewältigen zu können. Erst dann ist man in Erbarmen, Erkenntnis und den Fähigkeiten so weit entwickelt, daß man den anderen in jeder Hinsicht zu helfen vermag. Man erkennt die unterschiedlichen Voraussetzungen und Bedürfnisse der Wesen im Detail und beherrscht die Mittel, um ihnen individuell zu helfen. Das Wichtigste ist, ihnen den Weg zu weisen, wie sie sich selbst aus dem Kreislauf des Leidens befreien können.

Es gibt jedoch unter diesen besonders altruistisch ausgerichteten Menschen, die den höchsten Zustand zum Nutzen der Wesen anstreben, unterschiedliche Voraussetzungen. Bei einigen ist diese Geisteshaltung so kraftvoll, daß sie möglichst schnell die Buddhaschaft zu erreichen wünschen, das heißt den Zustand des vollendeten Mitleids, der allumfassenden Erkenntnis und der höchsten Fähigkeiten, mit denen der größte Nutzen eines jeden Wesens verwirklicht werden kann. In Anlehnung an diese besonders starke altruistische Motivation hat der Buddha besondere Mittel gelehrt. Sie sind in den Tantras dargelegt, den Lehren des Geheimen Mantra, die sehr wirksame Methoden enthalten, um den Geist vollkommen zu läutern und dadurch schnell den Zustand der Allwissenheit zu erlangen.

Dies ist ein grober Überblick über die Stufen, die es bei der Ausübung der Lehre des Buddha gibt. Mit diesen differenzierten Lehren trägt der Buddha den unterschiedlichen Voraussetzungen und Fähigkeiten der Wesen und den Ebenen der Entwicklung auf dem geistigen Pfad Rechnung.

Der Buddhismus in Tibet

Der Buddhismus ist in vielen Ländern Asiens verbreitet. Der Buddhismus kam im 7. Jahrhundert von Indien nach Tibet – zur Zeit der sogenannten religiösen Könige in Tibet, von denen der erste Songtsen Gampo war. Aufgrund seiner ethischen Lebensführung, seiner besonderen Verdienste um die Einführung des Buddhismus in Tibet und verschiedener Prophezeiungen in den Schriften wird Songtsen Gampo von den Tibetern als eine Emanation der Gottheit Avalokiteśvara angesehen, die das große Mitleid der Buddhas verkörpert. Als sich die Lehre in die verschiedenen Länder außerhalb Indiens verbreitete, wurden manche Teile der Lehre überliefert, andere nicht. Nur selten wurde die Lehre vollständig in ein anderes Land übertragen. Songtsen Gampo bemühte sich von Beginn an um eine vollständige Übertragung der Lehre nach Tibet, um somit den Menschen alle Mittel zur Verfügung zu stellen, die gesamte Lehre des Buddha anzuwenden und in ihr Leben zu integrieren. Die großen Meister Śāntarakṣita[47] und Padmasaṃbhāva kamen nach Tibet, wobei besonders Padmasaṃbhava durch seine tantrischen Fähigkeiten das geistig »rauhe« Tibet gewissermaßen einebnete und damit für die Lehre des Buddha vorbereitete.

Übersetzung der indischen Quellen ins Tibetische

Unter Songtsen Gampo begann man damit, die buddhistischen Schriften ins Tibetische zu übersetzen. Diese Schriften lagen ausnahmslos in Sanskrit vor; es ist nicht bekannt, daß es Übersetzungen aus anderen Sprachen wie etwa aus dem Pāli gab. Bei den Übersetzungen achtete man auf Vollständigkeit, so daß sowohl die Lehren des Kleinen als auch des Großen Fahrzeugs einschließlich des Tantra aus dem Sanskrit ins Tibetische übertragen wurden. Manchmal wird die Auffassung vertreten, die tantrischen Lehren seien nicht ursprünglich vom Buddha gelehrt worden, sondern erst später durch Nāgārjuna und andere indische Lehrer hinzugefügt. Ich denke, daß dies nicht den Tatsachen entspricht, da es bereits vor Nāgārjuna tantrische Schriften gab, zum Beispiel das *Guhyasamāja Tantra*, das der Buddha dem König Indrabodhi lehrte oder das *Kālacakra Tantra*, das er dem König Candrabhadra darlegte. Nach Songtsen Gampo gab es eine rege Übersetzertätigkeit in Tibet, so daß sämtliche wichtigen Schriften des Buddhismus übersetzt wurden, die in Indien vorhanden waren – sowohl die Worte des Buddha (die Sūtras und Tantras) als auch die Kommentare der späteren indischen Meister. Bei diesen Übersetzungen arbeitete jeweils ein tibetischer Übersetzer zusammen mit einem indischen Gelehrten; die Übersetzungen wurden auf diese Weise sehr akkurat.

Wege zur vollkommenen Erleuchtung: die vier Haupttraditionen in Tibet

Als sich der Buddhismus in Tibet verbreitete, bildeten sich unter der Anleitung verschiedener herausragender Meister und aufgrund bestimmter zeitlicher und örtlicher Gegebenheiten vier Haupttraditionen heraus, die Nyingma-, Kagyü-, Sakya- und Gelug-Tradition. Die Gelug-Tradition ist aus der frühen Kadam-Tradition entstanden. Trotz geringfügiger Unterschiede sind alle Traditionen grundsätzlich darin gleich, daß sie einen Übungsweg lehren, mit dem die gesamte Lehre des Kleinen und des Großen Fahrzeugs einschließlich des Tantra in das eigene Leben integriert werden kann. Sie alle vermitteln einen Weg, der zur vollkommenen Erleuchtung führt, wobei sie die Lehren der Sūtras und Tantras miteinander verbinden. Die Unterschiede liegen in den Schwerpunkten: Bei einigen steht die Meditation im Zentrum, bei manchen sind es Rituale und Rezitationen, bei anderen wiederum wird das philosophische Studium betont. So gibt es zwar individuelle Unterschiede bei den Anweisungen der einzelnen Meister, aber die grundsätzliche Vorgehensweise ist in den vier Traditionen die gleiche. In allen vier Traditionen wurde bis zum Jahre 1959 ein kompletter Weg überliefert, der es einem einzelnen Menschen ermöglicht, in seiner spirituellen Übung all die vielfältigen Lehren des Buddha anzuwenden.

Der unmittelbare Nutzen der Buddha-Lehre

Seit 1959 ist es in Tibet unmöglich, diese Traditionen weiter aufrechtzuerhalten, und es besteht die Gefahr, daß der tibetische Buddhismus völlig untergeht. Auf der anderen Seite führte der Exodus der Tibeter dazu, daß sich die tibetische Kultur und Religion in der Welt verbreitete und sich mehr Menschen als zuvor dafür interessieren. Das gibt uns Hoffnung, daß diese Kultur trotz aller Zerstörung und Unterdrückung, die wir in Tibet selbst erleben, in der Welt bewahrt werden kann. Es hat sich eine Situation entwickelt, in der man einerseits den völligen Untergang befürchten muß, andererseits aber auch Hoffnung haben darf, daß die buddhistische Religion in ihrer Vollständigkeit in der tibetischen Überlieferung erhalten bleibt und für die Menschen hilfreich sein kann.

Man mag die berechtigte Frage stellen, welchen Nutzen es haben sollte, wenn die Lehre des Buddha, wie sie in Tibet überliefert wurde, weiterbesteht oder sich in der Welt verbreitet. Wie bereits erläutert, zielt diese Lehre darauf ab, die eigene Person von allen leidverursachenden und hinderlichen Faktoren zu läutern und damit die völlige Befreiung aus dem Daseinskreislauf, letztlich sogar die vollkommene Erleuchtung in der Buddhaschaft zu erreichen. Das ist ein äußerst weitreichendes Ziel. Lassen wir einmal dieses Ziel außer acht und fragen uns, welchen unmittelbaren Nutzen diese Lehre haben kann, so sind im wesentlichen drei Faktoren zu nennen: Diese Lehre kann helfen, den Frieden in der Welt zu fördern; sie trägt dazu bei, die gefährdete Umwelt zu schützen; und sie bewirkt ein besseres Zusammenleben von Menschen der verschiedenen Traditionen und Weltanschauungen.

Buddhismus und der Frieden in der Welt

Wie kann die buddhistische Lehre zum Frieden in der Welt beitragen? Gewaltlosigkeit im eigenen Geist und im äußeren Handeln ist eine Wurzel dieser Lehre. So legte zum Beispiel Nāgārjuna in einem Brief an einen befreundeten König *(Suhṛllekha)* dar, daß schädigende Handlungen wie Töten sehr negative Auswirkungen haben. Er machte besonders ihm als Herrscher deutlich, daß verheerende Konflikte und Kriege entfacht werden können, wenn jemand in Machtposition zu Feindseligkeit, Gewalt und Rachsucht neigt. Er schrieb dem König: »Letztlich schadet diese Handlungs- und Denkweise nur einem selbst, es entsteht keinerlei Nutzen, und innerer und äußerer Frieden werden verhindert.« Handelt ein Mensch nun nach der Einsicht, daß feindseliges und rachsüchtiges Verhalten vielen anderen Menschen wie auch ihm selbst schadet, so hat das eine positive Auswirkung auf den Frieden in der Welt.

Es kommt darauf an, daß wir der eigentlichen, innersten Natur des Menschen deutlicher Ausdruck verleihen. Nicht nur im Äußeren, in den Wäldern, den Pflanzen und so weiter, gibt es eine Natur, die wir schützen müssen. Auch im Menschen gibt es eine innere Natur. In unserem Geist sind förderliche Eigenschaften wie Mitgefühl, Toleranz, Geduld, Scheu gegenüber verletzenden Handlungen und Rücksichtnahme auf andere von Natur her angelegt. Wenn wir diese innere Natur erkennen, sie stärken und dann in unserem Leben wirksam werden lassen, ergibt sich ganz sicher ein konkreter Nutzen für den Frieden in der Welt. Dieser ist selbstverständlich um so größer, je mehr und je einflußreichere Menschen diese Haltung der Gewaltlosigkeit in sich tragen und praktizieren. Wenn man die Einsicht in die abhängige Natur der Wirklichkeit stärkt und versteht, daß jedes negative Verhalten sowohl auf die äußere Welt als auch auf den Handelnden selbst negative Auswirkungen hat, wirkt sich dies entsprechend auf das eigene Verhalten und den Frieden in der Welt aus.

Buddhismus und Umwelt

Wenn wir für kurzfristige Ziele achtlos die Natur ausbeuten und zerstören, rücksichtslos die Wälder roden und so weiter, so wird zweifellos die Erde am Ende unseres Lebens oder in ein paar Generationen nicht mehr zu bewohnen sein. Das heißt, wir zerstören unsere eigenen Lebensgrundlagen, die Basis für unser eigenes Glück und Wohlergehen. Im Buddhismus wird gelehrt und geübt, sich nicht an die kurzfristigen Ziele und Annehmlichkeiten zu hängen, sondern sich auf langfristige Ziele auszurichten, auf die Erleuchtung, auf die Buddhaschaft. Dies sind sehr weit gesteckte Ziele, und man benötigt vielleicht viele Leben oder gar Zeitalter, um sie zu erreichen. Von diesen sehr langfristigen Zielen abgesehen, sollte man aber zumindest über das eigene Lebensende hinaus ein paar Generationen weiter an die Kinder und Kindeskinder denken. Von unserem jetzigen Verhalten hängt es ab, ob spätere Generationen auf diesem Planeten weiterleben können oder nicht. Möchten wir, daß sie auch noch eine Lebensgrundlage besitzen, so entspricht es wiederum der Logik des Abhängigen Entstehens, daß wir uns jetzt entsprechend verhalten müssen.

Wir alle möchten eine gute, gesunde Nahrung zu uns nehmen, wir benötigen verschiedene Getreide und Pflanzen, und von den Tieren nehmen wir Milch, Butter, Käse und andere Nahrungsmittel. Das ist nur möglich, wenn die Tiere selbst gute Nahrung finden. Deshalb ist der Schutz der Tier- und der Pflanzenwelt für unser eigenes Leben und das zukünftiger Generationen unbedingt notwendig; unser Überleben ist völlig abhängig von dem Schutz der Natur. Macht man sich diese Abhängigkeit bewußt und integriert diese Einsicht in sein Handeln, so hat das zweifellos eine sehr positive Auswirkung für den Schutz der Umwelt. Wir mögen einwenden, daß es notwendig sei, diese Welt materiell weiterzuentwickeln; sicher ist eine solche Entwicklung notwendig. Allerdings muß man auch hier einen mittleren Weg beschreiten. Im Buddhismus wird immer wieder darauf hingewiesen, wie notwendig Zufriedenheit und Genügsamkeit sind. Das bedeutet in diesem Zusammenhang, daß man das zum Leben Notwendige erwirbt, aber nicht über das notwendige Maß hinaus nach immer mehr verlangt. Denn auch hier liegt es in der Natur des Abhängigen Entstehens, daß man zwangsläufig in vielerlei Hinsicht Nachteile in Kauf nehmen muß, wenn man auf materiellem Gebiet immer mehr begehrt. Deshalb ist ein mittlerer Weg auch in bezug auf den materiellen Fortschritt notwendig.

Es ist sehr wichtig, diese inneren Geisteshaltungen wie Genügsamkeit, Zufriedenheit, Mitgefühl, Toleranz, Geduld und Einsicht zu üben. Diese Tugenden gehören zur inneren Natur des Menschen, die beschützt werden muß. In der Welt mag es wertvolle Substanzen wie Gold und Diamanten geben. Nehmen solche materiellen Dinge jedoch irgendeinen Schaden, kann man nichts mehr mit ihnen anfangen. Die inneren heilsamen Eigenschaften dagegen können endlos entfaltet werden; sie sind ein Reichtum, den man nicht verlieren kann und der sich in jeder Situation positiv auswirkt.

Buddhismus und das harmonische Zusammenleben der Menschen

Das dritte Gebiet schließlich, auf dem der Buddhismus einen unmittelbaren Nutzen haben kann, ist das Zusammenleben der Menschen mit ihren verschiedenen Weltanschauungen, Religionen und Ideologien. Es gibt Menschen, die man als Idealisten bezeichnen kann. Sie verlassen sich im Leben hauptsächlich auf das Geistige und auf ihren religiösen Glauben. Andere sind vielleicht eher Materialisten; sie setzen hauptsächlich auf die Kraft der Materie und halten nicht viel von Religion. Oft kommt es zu Konflikten zwischen diesen beiden Gruppen. Ich denke, daß die Lehre des Buddha hier zu einem Ausgleich beitragen kann. Der Buddhismus ist – was Zufluchtsobjekte, das Gebet und andere Glaubensaspekte betrifft – eine echte Religion. Diese Religion gründet jedoch nicht auf bloßem Glauben, sondern betont sehr stark das Element der logischen Untersuchung und Begründbarkeit der Lehren, die man anwendet. Der Buddha selbst sagt, daß man seiner Lehre nicht einfach aus Verehrung ihm gegenüber glauben solle, sondern sie erst annehmen sollte, nachdem man sie geprüft und als fehlerfrei und hilfreich erkannt hat. Er vergleicht dies mit einem Goldschmied, der das Gold erst dann einkauft, wenn er es geprüft hat und von der Reinheit überzeugt ist. Auch die späteren indischen Meister betonten diese Vorgehensweise immer wieder und stützten sich auf die logische Analyse der Lehre. Das kommt zum Beispiel in den Schriften von Dignāga und Dharmakīrti, den großen buddhistischen Logikern, klar zum Ausdruck. Sie lehren, daß ein Glaube, der nicht auf korrekten, rationalen Argumenten basiere, nicht fundiert und die religiöse Praxis folglich instabil sei.

So ist der Buddhismus eine Religion, in der der einzelne aufgefordert ist, die Lehre zu untersuchen und sich für Glauben und Praxis auf logische Begründungen zu stützen. Von der Seite der logischen Begründung her hat der Buddhismus sicher sehr viele Übereinstimmungen mit der materialistisch geprägten Ansicht jener Menschen, die sich mehr auf den rationalen Verstand verlassen als auf den Glauben. Der Buddhismus wendet die logische Analyse jedoch nicht allein auf die Materie an, sondern genauso auf den Geist, auf das Innere. Der Mensch lebt nicht nur von den körperlichen Dingen dieser Welt, er besteht nicht nur aus den physischen Elementen, sondern im wesentlichen aus seinem Bewußtsein. Das Glück und Leid, das er erlebt, hängt mit seinem eigenen Geist zusammen und nicht in erster Linie mit materiellen Dingen. Da im Menschen diese beiden Aspekte vorhanden sind, der physische und der geistige, müssen auch beide Seiten berücksichtigt werden, wenn der Mensch echtes Wohlergehen erreichen will. Folglich muß man nicht nur die Materie untersuchen, sondern ebenso das Innere, die Beschaffenheit des eigenen Geistes. Man muß all jene Faktoren erkennen und stärken, die zu geistigem Glück führen, und sich so von den Faktoren trennen, die geistiges Leid nach sich ziehen.

Buddhismus als Brücke zwischen Ideologien und Traditionen

Ich glaube, daß die Lehre des Buddha zwischen den beiden Seiten des Glaubens und des Materialismus steht. Wie eine Brücke kann er diese beiden Weltanschauungen verbinden und für beide nützlich sein. Der Buddhismus kann dazu beitragen, daß die Anhänger verschiedener Ideologien und religiöser Traditionen einander mehr Verständnis entgegenbringen und zu einem harmonischen Zusammenleben finden.

Die Natur des Geistes

Die Natur des Geistes wird nicht nur im Buddhismus thematisiert, sondern auch in Philosophien, Wissenschaften und so weiter. Im Buddhismus werden allerdings besondere Erklärungen über den Geist gegeben, die auf der Überlegung beruhen, daß das Kontinuum des Geistes ohne Anfang und ohne Ende ist. Wenn wir unser Bewußtsein oder das eines anderen Wesens in die Vergangenheit zurückverfolgen, so können wir keinen Anfangspunkt finden; und auch was die Zukunft angeht, so wird sich das Bewußtsein ohne ein zeitliches Ende ununterbrochen weiter fortsetzen.

Weiter geht man davon aus, daß die Qualität des Bewußtseins, vor allem ob man Glück oder Leid erlebt, hauptsächlich von der Person selbst abhängig ist. Es liegt in der eigenen Verantwortung, für die Zukunft Vorsorge zu treffen, so daß man einen glücklichen, heiteren Geist erlangen und sich von Leiden befreien kann. In diesem Zusammenhang wird nicht nur die Natur des Geistes erklärt, sondern auch eine Vielzahl von Methoden, die der Entwicklung des Bewußtseins dienen.

Der Geist besitzt keine materiellen Eigenschaften

Das Wesen des Geistes wird in den buddhistischen Schriften als klar und erkennend beschrieben. Unter »Klarheit« wird verstanden, daß der Geist keine materiellen Eigenschaften oder Teilchen besitzt, sondern frei von Körperlichkeit ist. Mit »Erkenntnis« wird ausgedrückt, daß der Geist in der Lage ist, die verschiedensten Dinge wahrzunehmen; innere wie äußere Objekte können sich im Geist widerspiegeln und vom Geist erkannt, untersucht und beurteilt werden. Die Eigenschaft der Klarheit wohnt auch anderen Objekten inne, zum Beispiel Kristallen, Wasser oder Spiegeln. Im Spiegel können sich verschiedene Gegenstände abbilden, aber der Geist hat darüber hinaus die wesentliche Fähigkeit der Erkenntnis.

Das Bewußtsein wird in sechs Hauptarten eingeteilt. Es sind dies die fünf Arten des Sinnesbewußtseins, also jene Bewußtseinszustände, mit denen wir die äußeren Objekte wahrnehmen: die sichtbaren Körper, die Töne, die

Gerüche, die Geschmäcke und die Tastobjekte. Entsprechend gibt es das Seh-, Hör-, Riech-, Geschmacks- und Tastbewußtsein. Das sechste Bewußtsein ist das wichtigste, es ist das innere oder geistige Bewußtsein, es existiert ununterbrochen. Dieses Bewußtsein beurteilt, denkt, nimmt Verantwortung auf sich und trifft Entscheidungen. Es erlebt Glück und Leid im wesentlichen als Ergebnis der eigenen Tätigkeit.

Der Geist wird von vielen Faktoren begleitet

Das Bewußtsein ist das Erfassende, das Wahrnehmende, und die Objekte sind das Wahrgenommene. Jeder Wahrnehmungszustand wird eingeteilt in das Hauptbewußtsein und die begleitenden Geistesfaktoren. Das Hauptbewußtsein ist das, was die Entität oder das Vorhandensein des jeweiligen Objekts feststellt.

Dieses Hauptbewußtsein wird von einer Vielzahl von Geistesfaktoren unterstützt,[48] die besondere Funktionen bei der Wahrnehmung haben. Von den Geistesfaktoren sind mindestens fünf bei jedem Geisteszustand vorhanden, deshalb werden sie die Fünf Allgegenwärtigen Geistesfaktoren genannt. Diese sind Empfindung, Unterscheidung, Wille, Aufmerksamkeit und Berührung. Ohne einen dieser fünf Faktoren könnte man nicht von Bewußtsein sprechen.

Die *Empfindung* ist das, was ein Objekt erlebt. Wenn wir etwas wahrnehmen, erleben wir es als angenehm, unangenehm oder neutral. Wir erfahren das Objekt; wir haben Empfindungen von Glück, Leid oder Indifferenz.

Ein anderer grundlegender Faktor ist die *Unterscheidung*. Dadurch sind wir in der Lage, Objekte voneinander abzugrenzen, wie zum Beispiel Gutes und Schlechtes, Inneres und Äußeres, und wir können Objekte in verschiedene Kategorien einteilen.

Zwei weitere grundlegende Faktoren sind Wille und Aufmerksamkeit. Der *Wille* wird beschrieben als der Faktor, der den Geist allgemein in Aktivität versetzt. Der Geist ist zwar ununterbrochen aktiv, aber wir beschäftigen uns eine Zeitlang mit einem bestimmten Objekt, dann zieht sich der Geist von diesem zurück und wird auf ein anderes Objekt gelenkt. Wille ist ein Impuls, eine Aktivität im Geist, die den Geist immer wieder auf ein anderes Objekt lenkt.

Die *Aufmerksamkeit* lenkt den Geist in eine bestimmte Richtung. Aufmerksamkeit wird definiert als der Faktor, der den Geist nicht allgemein aktiviert, sondern auf ein ganz bestimmtes Objekt lenkt.

Ein weiterer Faktor ist die *Berührung*. Sie stellt den Kontakt mit dem Objekt her. Bei der Wahrnehmung kommen drei Dinge zusammen: die Sinneskraft des jeweiligen Sinnesorgans (zum Beispiel die Sinneskraft des Auges), das Bewußtsein (zum Beispiel das Sehbewußtsein) und das Objekt, das wahrgenommen wird (zum Beispiel etwas Sichtbares). Auf der Grundlage einer Sinneskraft kann das Bewußtsein aktiv werden, und es findet ein Kontakt mit dem Objekt statt, das dann entsprechend unterschieden, eingeteilt, empfunden wird und so weiter.

In den Schriften wird gesagt, daß eine Wahrnehmung nur dann vollständig ist, wenn diese fünf Geistesfaktoren alle vorhanden sind. Dieses wird übereinstimmend im Unteren wie im Oberen System des Höheren Wissens, den beiden »Abhidharma-Systemen« des Buddhismus, gesagt. Vasubandhus[49] Schrift *Schatzhaus des Höheren Wissens (Abhidharmakośa)* gilt als das Untere Abhidharma-System, Asaṅgas[50] *Zusammenfassung des Höheren Wissens (Abhidharmasamuccaya)* wird als das Obere Abhidharma-System bezeichnet.

Bei jedem Geisteszustand unterscheidet man zwischen dem Hauptbewußtsein und den begleitenden Geistesfaktoren. Das Zusammenwirken von Hauptbewußtsein und begleitenden Geistesfaktoren läßt sich mit einem Büro vergleichen, in dem es einen Chef gibt, der unterstützt wird von den verschiedenen Mitarbeitern, die wiederum ihre spezifische Funktion erfüllen. Damit der Chef die eigentliche Aufgabe dieses Büros durchführen kann, ist er auf die Arbeiten angewiesen, die von den einzelnen Ressorts geleistet werden. Genauso besteht jede Wahrnehmung aus einem Hauptbewußtsein, welches das eigentliche Vorhandensein des Objekts feststellt, und den Geistesfaktoren, die bei dieser Wahrnehmung ihre spezielle Funktion haben.

Der Geist ist Schöpfer von Glück und Leid

In den Schriften werden die Geisteszustände in verschiedene Kategorien eingeteilt, das »Schatzhaus des Höheren Wissens« zum Beispiel nennt zwölf Arten von Geisteszuständen, wobei man drei Daseinsbereiche unterscheidet:

den sogenannten Sinnlichen Bereich, den Körperlichen und den Körperlosen Bereich.[51] Entsprechend diesen Bereichen gibt es verschiedene Geisteszustände. Zehn dieser zwölf Bewußtseinszustände sind befleckt, und zwei sind unbefleckt.

Im Sinnlichen Bereich gibt es vier Arten von Geisteszuständen: heilsame, unheilsame und neutrale, wobei letztere weiter in hinderliche und nichthinderliche Geisteszustände für den Weg zur Befreiung unterteilt werden. Als unheilsam wird jede Aktivität bezeichnet – ob körperlich, sprachlich oder geistig – die bei dem Handelnden selbst einen Samen hinterläßt, der später unter bestimmten Umständen eine starke Erfahrung von Leid hervorrufen kann.

Unheilsame Geisteszustände entstehen durch eine falsche Beurteilung der Wirklichkeit, die dazu führt, daß es zu starker Begierde, Haß oder Feindseligkeiten kommt und der Geist in einen undisziplinierten Zustand gerät; meistens folgt daraus eine Vielzahl von leidverursachenden Handlungen.

Dagegen gibt es heilsame Geisteszustände, die von einem korrekten Willen geleitet werden, der auf der rechten Erkenntnis der Wirklichkeit beruht. In Verbindung damit entstehen heilsame Geisteszustände wie liebevolle Zuneigung, Mitgefühl, Verständnis und Weisheit. Dies sind Geisteszustände, die auf einer einwandfreien Erkenntnis der Wirklichkeit basieren und zu Handlungen positiver Natur führen; entsprechend setzen sie bei dem Handelnden selbst Potentiale, die später Glück hervorrufen.

Heilsam oder unheilsam werden im Buddhismus bestimmte Formen der Aktivität – also geistiger, körperlicher oder sprachlicher Handlungen – genannt, die Glück oder Leid für den Handelnden nach sich ziehen. Heilsam oder unheilsam bezieht sich nicht auf äußere Dinge wie etwa das Klima.

Die grundlegende Unwissenheit: ein karmisch neutraler Geisteszustand

Im Sinnlichen Bereich gibt es neben den heilsamen und unheilsamen Bewußtseinszuständen die neutralen Geisteszustände. Diese müssen noch einmal unterteilt werden in hinderliche und nicht-hinderliche neutrale Geisteszustände. Geisteszustände sind karmisch neutral, wenn sie weder Wirkungen in Form von Glück noch in Form von Leid hervorrufen. Allerdings sind einige dieser neutralen Geisteszustände auf dem Pfad zur Erleuchtung hinderlich, denn sie bilden eine Grundlage dafür, daß unheilsame Geisteszustände entstehen können, die dann wieder Ursachen für Leid schaffen. Somit müssen auch neutrale Geisteszustände mit einem einwandfreien, unbefleckten Pfad überwunden werden, da sie verhindern, daß höhere, tugendhaftere Geisteszustände entstehen. Ein Beispiel für einen hinderlichen neutralen Geisteszustand ist die angeborene grundlegende Unwissenheit in bezug auf das Ich.

Wir alle sind Personen, ein Ich, ein Individuum, das Glück und Leid als Ergebnis der eigenen Handlungen erfährt. Bei allem, was wir tun oder erleben, haben wir den Gedanken »Ich«: Ich mache dies oder jenes, ich erlebe Angenehmes oder Unangenehmes, ich fühle mich wohl, ich fühle mich schlecht und so weiter. Diese Wahrnehmung unseres Ich ist fehlerhaft; denn sie ist beherrscht von der Vorstellung, dieses Ich würde aus sich selbst heraus bestehen, unabhängig von den vielfältigen körperlichen und geistigen Faktoren, die im Buddhismus als die fünf körperlichen und geistigen Aggregate[52] bezeichnet werden.

Wir haben die Vorstellung, es gäbe ein unabhängiges, eigenständiges Ich, das quasi als Herr von Körper und Geist Handlungen durchführen und Glück und Leid erleben würde. Diese angeborene, falsche Vorstellung von einem Ich wird als die Ansicht bezeichnet, welche die körperlichen und geistigen Aggregate für ein eigenständiges Ich oder Mein hält. Sie ist nicht direkt unheilsam, sie hinterläßt keine Wirkungskräfte, die Erfahrungen von Leid hervorrufen. Aber sie ist hinderlich für die endgültige Befreiung, da sie die Grundlage dafür bildet, daß negative Geisteszustände entstehen können, die dann Ursachen für Leid bilden. Deshalb muß diese Unwissenheit auf dem Pfad mit korrekten Mitteln überwunden werden.

Daneben gibt es eine Reihe von Bewußtseinszuständen, die karmisch neutral und nicht hinderlich sind. Dies sind Geisteszustände, die wir im alltäglichen Leben haben, wenn wir etwa erschöpft sind und eine Pause machen wollen, wenn wir überlegen, hierhin oder dorthin zu gehen; es sind Handlungen, die nicht mit Heilsamem oder Unheilsamem verbunden sind und die weder ein Potential für Glück noch ein Potential für Leid in der Zukunft hinterlassen.

Höhere Bereiche: Subtile Verblendung

Dann gibt es Geisteszustände in den höheren Bereichen, dem Körperlichen und dem Körperlosen Bereich. Sie sind subtilerer Natur. Die beiden Bereiche sind sogenannte Götterbereiche, in die man durch tiefe Konzentration geboren wird. Aufgrund der tiefen Konzentration ist der Geist in diesen Bereichen sehr ausgeglichen, ruhig und diszipliniert, und deshalb gibt es hier keine unheilsamen Geisteszustände, sondern nur heilsame, hinderlich karmisch neutrale und nicht-hinderlich karmisch neutrale. Unterscheidet man diese noch nach den zwei höheren Bereichen, ergeben sich sechs Geisteszustände, und mit den vier zuvor genannten im Sinnlichen Bereich sind es zusammen zehn, die sämtlich befleckter Natur sind.

Unbefleckte Geisteszustände

Unbefleckte Geisteszustände beginnen auf einer bestimmten Stufe auf dem Pfad, wenn man eine direkte, unmittelbare Einsicht in die endgültige Realität während der tiefen Meditation entwickelt hat. Allerdings hat man dann noch nicht das Resultat des Pfades erreicht, sondern erst das eigentliche Mittel, mit dem dann alle befleckten Geisteszustände aufgegeben werden können. So spricht man von unbefleckten Geisteszuständen im Kontinuum einer Person, die noch ein Übender ist, die sich also noch auf dem Pfad befindet, und von unbefleckten Geisteszuständen im Kontinuum einer nicht mehr übenden Person, die die Resultate des Pfades schon erreicht hat.

Der Geist existiert abhängig und unbeständig

Eine wichtige Frage ist, ob der Geist in seiner Natur beständig oder unbeständig ist. Einige nicht-buddhistische Schulen vertreten die Auffassung, der Geist sei beständig und nur der Körper und die verschiedenen äußeren Phänomene seien unbeständig. Dies entspricht nicht der Wirklichkeit: Der Geist ist ein Kontinuum aus vielen einzelnen Augenblicken, die aufeinanderfolgen. Mit jedem Augenblick vergeht der Geist, und im nächsten Augenblick entsteht ein neuer Geisteszustand. Aufgrund der vielfältigen Ursachen entwickeln sich neue Geisteszustände, die wieder die Ursachen für darauffolgende Geisteszustände bilden und so weiter. So ist der Geist ein sich in jedem Augenblick wandelndes Kontinuum, in dem jeder Augenblick die Ursache für den folgenden Augenblick bildet; deshalb ist der Geist unbeständig, ein augenblickliches Phänomen.

Die unheilsamen Geisteszustände und die hinderlich karmisch neutralen sind in ihrer Natur leidhaft; einige sind direkte Ursachen für Leid, andere bilden die Ursache für Geisteszustände, die dann zu Leid führen. Oft erkennen wir nicht die leidhafte Natur solcher unheilsamen und hinderlich karmisch neutralen Geisteszustände. Das gilt generell für viele Dinge, die mit Leid verbunden sind. Oft halten wir das, was seiner eigenen Natur nach Leid ist, für attraktiv, glückbringend, und dadurch entsteht eine Vielzahl von verkehrten Sichtweisen.

Im Buddhismus werden die Vier Siegel erklärt; vier Ansichten, die bezeugen, daß eine Philosophie eine buddhistische ist. Dazu gehört der Grundsatz, daß alle befleckten Phänomene leidhaft sind. Das wird herausgestellt, weil wir vielfach vordergründige Annehmlichkeiten für echtes Glück halten, obwohl sie in ihrer eigentlichen Natur mit Leiden verbunden sind.

Im Buddhismus wird einerseits herausgestellt, daß der Geist unbeständiger Natur ist, obwohl er von uns vielfach für beständig gehalten wird, und andererseits, daß er nicht eigenständig existiert. Der Geist ist, wie auch jedes andere Phänomen, abhängig von einer Vielzahl von Ursachen, Umständen, Teilen und Aspekten. Der Geist ist also ein abhängiges Phänomen, er existiert nicht in Form eines unabhängigen Selbst, mit einem eigenständigen Wesen.

Die Wurzel allen Übels: die falsche Vorstellung von »Ich« und »Mein«

In unserem Denken ist die starke Vorstellung von Unabhängigkeit vorhanden; denn wenn wir etwas tun oder erleben, verbinden wir dieses mit dem Gedanken an ein unabhängiges, eigenständiges Selbst, an ein vermeintlich unabhängiges Ich, das der Erlebende oder Handelnde ist. In Verbindung damit nehmen wir die Gegenstände, auf die wir treffen, als ein unabhängiges, eigenständiges Mein wahr, also als Gegenstände, die von einem solchen unabhängigen Ich erlebt werden.

Wenn wir beispielsweise auf etwas Angenehmes treffen, dann halten wir dies für angenehm in Verbindung mit einem solchen unabhängigen Ich, wir halten es für ein unabhängiges Mein. Oder wenn wir auf Unangenehmes treffen, auf Menschen, die wir nicht mögen, so halten wir sie für das Objekt des Erlebens eines unabhängigen Ich. Bei allem, was wir tun, denken und empfinden, ist sehr stark der Gedanke eines unabhängigen Ich vorhanden und in Verbindung damit von Erlebnisobjekten eines solchen unabhängigen Ich. Dies wird die Vorstellung eines unabhängigen Mein genannt.

Diese befleckten, negativen Geisteszustände können überwunden werden. Im Buddhismus wird ein Zustand beschrieben, in dem man völlig frei von solchen falschen Vorstellungen und damit auch von allen Leidensursachen ist. Dieses wird als Nirvāṇa bezeichnet, als endgültiger Frieden.

Nirvāṇa entsteht jedoch nicht aus sich selbst heraus, sondern ist vollkommen abhängig davon, daß man einen entsprechenden Pfad übt, mit dem alle befleckten Geisteszustände schrittweise überwunden werden können. Man muß also im eigenen Geist unbefleckte Pfade entwickeln – im wesentlichen eine tiefe Einsicht in die Wirklichkeit – und diese dann konsequent weiter anwenden. Dadurch werden schrittweise alle befleckten Geisteszustände ausgemerzt, und es wird eine dauerhafte Befreiung aus allem Leid erreicht.

Im Buddhismus werden diese Punkte anhand der Vier Siegel erklärt: daß alles Zusammengesetzte, wie unser eigener Geist, unbeständig ist, daß alles Befleckte leidhaft ist, daß alle Phänomene ohne ein Selbst existieren und daß das Nirvāṇa die endgültige Befreiung bedeutet.

Fehler gehören nicht zur grundlegenden Natur des Geistes

Kommen wir nun zu der Frage, ob negative Eigenschaften grundsätzlich zur Natur unseres Geistes gehören oder nicht. So sagen einige, Aggressivität würde zur eigentlichen Natur unseres Geistes gehören. Die Frage ist, ob unser Geist nicht vielmehr von Natur aus Eigenschaften wie liebevolle Zuneigung, Mitgefühl und andere Tugenden besitzt.

In diesem Zusammenhang gibt es einen berühmten Ausspruch des Buddha in einem Sūtra: »Der Geist ist ohne Geist, die Natur des Geistes ist klares Licht«. In dieser Zeile wird darauf hingewiesen, daß die fehlerhaften Geisteszustände wie Haß nicht zur eigentlichen Natur des Geistes gehören. Deshalb sagt der Buddha, daß der Geist frei von Geist ist: In seiner eigentlichen Natur ist er frei von negativen Eigenschaften und Befleckungen.

Nun könnten wir einwenden, daß dies unserer direkten Wahrnehmung widerspricht, denn ganz gleich, in welche Gegend wir schauen, ob in den Osten, Westen, Norden oder Süden, überall gibt es bei den Menschen negative Eigenschaften wie Haß und Begierde. Sie scheinen zur Natur der Menschen zu gehören, ganz gleich, wo sie leben.

Aus Sicht des Buddhismus ist dies nur vordergründig der Fall. Tatsächlich sind diese Geisteszustände wie Begierde und Haß die Folge eines Mißverständnisses der Wirklichkeit. Aufgrund von Unwissenheit und Verblendung entstehen zeitweilig solche geistigen Verunreinigungen, die dann vollkommene Kontrolle im Geist des einzelnen übernehmen. Das ist vergleichbar mit einem Menschen, der voller Heuchelei und Betrug ist und dennoch in einer Gesellschaft die Macht gewinnen kann. Genauso ist es möglich, daß aufgrund der Verblendung im Geist und der langen Gewöhnung daran sehr starke Begierde, Haß und andere Leidenschaften entstehen; man hat sich schon so sehr an verblendete Geisteszustände gewöhnt, daß sie zur eigentlichen Natur des Geistes zu gehören scheinen. Aber letztlich ist dies nicht der Fall; sobald man eine korrekte Sichtweise entwickelt, können diese Geisteszustände schrittweise überwunden werden.

Unser Bewußtsein wird mit Gold verglichen, das vorübergehend verunreinigt ist, zum Beispiel dadurch, daß sich ein Belag gebildet hat oder daß es auf andere Art beschmutzt ist. Diese Verunreinigungen gehören aber nicht zur eigentlichen Natur des Goldes, und sobald man die korrekten Methoden und Mittel anwendet, ist es möglich, das Gold davon zu befreien. Genauso ist es auf dem geistigen Gebiet: Sobald man die entsprechenden Methoden anwendet, um den Geist zu schulen, ist es möglich, den Geist schrittweise ganz und gar von allen Befleckungen zu läutern.

Liebe und Mitgefühl gehören zur Natur des Geistes

Wir können beobachten, daß wir uns selbst gegenüber eine gewisse Fürsorge empfinden, eine Art Mitgefühl für uns selbst. Nicht jeder Aspekt dieser Selbstliebe ist völlig verkehrt oder unangemessen, sondern wir sind Wesen, die von Natur aus nach Glück streben und Leid vermeiden möchten, die ein Recht darauf haben, Glück zu erfahren und Leid zu überwinden. Dies ist ein grundlegender Geisteszustand in uns, der der Wirklichkeit angemessen ist.

Den Gedanken »ich möchte von Leid frei sein, ich möchte Glück erleben« kann man auch als Mitgefühl bezeichnen. Wenn zum Beispiel ein Bodhisattva, der völlig frei ist von falschen Formen der Eigenliebe, uns beobachtet, hat er den Wunsch, daß wir von Leid frei sein und Glück erleben mögen. Es ist also ein angemessener, ein korrekter Geisteszustand. Folglich beruht diese Geisteshaltung auf einer gültigen Erkenntnis der Wirklichkeit.

Seit wir geboren sind, haben wir diesen Gedanken in uns, daß wir Glück erleben und Leid vermeiden möchten, und wir versuchen zu tun, was in unserer Macht steht, um diese Ziele zu erreichen. Diese Form der Sorge um uns selbst ist eine natürliche Eigenschaft jedes Wesens. Von daher kann man sagen, daß unser Geist von Natur aus nicht aggressiv oder destruktiv ist, sondern daß Eigenschaften wie Sorge, Liebe, Mitgefühl und so weiter zur Natur des Geistes gehören.

Die Frage ist, warum dann trotzdem negative Geisteszustände in so großer Zahl entstehen, die sehr viel Anlaß zu Konflikten und Leiden geben, wie Begierde, Haß, Nachtragen, Feindseligkeit und so weiter, wenn die positiven Eigenschaften zur grundlegenden Natur unseres Geistes gehören. Warum entstehen diese dann nicht in stärkerer Weise? Das liegt sicher daran, daß wir den Nutzen und den Wert von inneren Qualitäten nicht genügend erkennen. Wir richten unsere Aufmerksamkeit größtenteils auf die Dinge der äußeren Welt und suchen dort das, was gewisse Vorteile und Annehmlichkeiten bietet. Die inneren Eigenschaften, die noch viel wirkungsvoller sind, die noch viel größere Kraft haben, um zu Glück zu führen und Leid zu überwinden, werden von uns nicht entsprechend berücksichtigt. Wir schenken der Entwicklung unseres Geistes nicht genügend Aufmerksamkeit. Die Mittel, die wir bisher zur Überwindung von negativen Geisteszuständen in uns hervorgebracht haben, sind unzureichend.

Die guten Eigenschaften unseres Geistes wie Weisheit, Liebe, Mitgefühl können tatsächlich ohne Grenzen weiterentwickelt werden. Negative Eigenschaften haben zwangsläufig Grenzen, aber Heilsames kennt, wenn man nur die entsprechenden Mittel anwendet, keine Begrenzung.

Der Geist geht allem voran

Welchen Nutzen hat es, wenn wir uns bemühen, die eigentliche Natur unseres Geistes und die verschiedenen heilsamen und unheilsamen Geisteszustände kennenzulernen?

Sobald wir uns mit der Beschaffenheit unseres Geistes beschäftigen und uns fragen, welche Eigenschaften zu Glück führen, welche Faktoren leidverursachend sind, welche Methoden es gibt, um Heilsames zu entfalten und Unheilsames zu überwinden, legen wir Anlagen für echtes Wohlergehen in unserem eigenen Geist. Wir bringen dann in Erfahrung, welche Eigenschaften wir mit welchen Mitteln entwickeln können: welche inneren Ursachen zu Glück, welche zu Leid führen; dadurch wird das eigentliche Fundament für dauerhaftes Glück gelegt.

Auch im *Dhammapada*, einer berühmten Sammlung von Aussprüchen des Buddha, heißt es, daß man selbst die vollständige Kontrolle über den eigenen Geist entwickeln kann. Man selbst ist verantwortlich für den eigenen Geist und dafür, ob der Geist in einen negativen, undisziplinierten, leidverursachenden Zustand gerät oder ob im Geist positive Eigenschaften anwachsen, die Ursachen für Glück sind. Die Verantwortung und die Kontrolle darüber liegt völlig bei einem selbst; äußere Dinge hingegen kann man nur in einem begrenzten Maß beeinflussen. Im Innern ist die Verantwortung und Eigenständigkeit vollständig vorhanden, sobald man sich bemüht, die heilsamen Eigenschaften zu entwickeln und die unheilsamen zu überwinden.

Von außen kann einem nur körperlich direkt geschadet werden. Wenn einem zum Beispiel jemand mit Waffengewalt schadet, so fügt er einem körperliches Leid zu; die Tugenden, die man wirklich entwickelt hat, und die heilsamen Potentiale, die man durch heilsame Handlungen angesammelt hat, können nicht von außen zerstört werden. Auch Śāntideva sagt in seiner Schrift *Bodhisattvacaryāvatāra*, daß die inneren Feinde, das sind die Leidenschaften wie Gier, Haß und so weiter, nicht mit äußeren Feinden zu vergleichen sind. Äußere Feinde mag man in die Flucht schlagen und besiegen, aber in einem anderen Land sammeln sie sich wieder, bauen ihre Stärke erneut auf und greifen an. Die Leidenschaften hingegen, die verblendeten Zustände des eigenen Geistes, können ein für allemal überwunden werden.

Wenn man den Geist mit den korrekten Methoden von ihnen befreit hat, gibt es keine Möglichkeit, daß sie wieder neu entstehen können. Daß uns das bisher noch nicht gelungen ist, sagt Śāntideva, liegt nur an unserem mangelnden Enthusiasmus auf diesem Gebiet.

Unheilsames beruht auf Täuschung

Negative Eigenschaften, wie zum Beispiel Begierde, Haß, Falschheit, Heuchelei, die nicht auf der eigentlichen Wirklichkeit, sondern auf Verblendung und Täuschung beruhen, können gewisse kurzfristige Vorteile und Annehmlichkeiten verschaffen, aber langfristig bringen sie einem nur Nachteile, nicht nur anderen, die man vielleicht schädigt, sondern auch einem selbst. Der tibetische Meister Sakya Paṇḍita[53] vergleicht das mit einem Esel, der ein Leopardenfell übergestreift hat und aufgrund dessen die Möglichkeit hat, unbehelligt auf die Wiese zu gehen und dort frisches Gras zu fressen. Irgendwann aber, spätestens, wenn der Esel seine unverwechselbaren Töne von sich gibt, kommt der Betrug zum Vorschein; wenn der Esel dann wieder auf die Wiese geht, um zu fressen, wird er vielleicht getötet. Gerade seine Verstellung ist dann Ursache dafür, daß er getötet wird. Genauso mögen unsere negativen Eigenschaften uns kurzfristig Vorteile schaffen, aber auf lange Sicht schaden sie uns nur selbst und sind Ursachen für unser eigenes Leid.

Deshalb erlangt man selbst große Vorteile, wenn man im Leben nicht nur die äußeren Dinge und Annehmlichkeiten schätzt, sondern insbesondere die inneren Tugenden, die guten Eigenschaften, und sich ernsthaft bemüht, Mittel kennenzulernen, um negative Eigenschaften zu überwinden und positive weiterzuentwikeln. Dadurch schafft man einen wirklichen, dauerhaften Vorteil und Ursachen für dauerhaftes Wohlergehen bei sich selbst.

Frage: Wenn ich nun auf dem Weg bin, negative Geistesfaktoren zu überwinden und positive zu entwickeln, was wäre das wichtigste, was ich bedenken müßte?

Antwort: Es wäre sicher zuerst am wichtigsten, die verschiedenen Eigenschaften des Geistes kennenzulernen, anhand der Beschreibungen, die dazu gegeben werden. In dem genannten Oberen Abhidharma-System wird von 51 Geistesfaktoren gesprochen, und es wird im einzelnen erklärt, was ihre

Natur ist, welche Wirkungsweise sie haben. Diese sollte man zunächst einmal kennenlernen und dann auf sich selbst beziehen, auf den eigenen Geist im täglichen Leben. Die zweite wichtige Aufgabe wäre dann, möglichst achtsam zu sein im Alltag und sich in den einzelnen Situationen immer konkret zu fragen, welche Geistesfaktoren gerade bei einem entstehen, welche gerade aktiv sind. So bringt man das theoretische Wissen immer mit den eigenen Situationen in Verbindung und wendet dann die mit diesen Faktoren erklärten Gegenmittel an, wenn man merkt, daß negative Geisteszustände aufkommen. So sagen auch die Kadampa-Meister im tibetischen Buddhismus, daß die wesentliche Aufgabe im Leben eben darin besteht, achtsam zu sein und direkt im Moment festzustellen, welche Geisteszustände in einem aktiv sind und die korrekten Gegenmittel gegen die negativen Geisteszustände anzuwenden.

Anhang

Anmerkungen

1. Namtar (Tib.: *rnam thar*) heißt wörtlich: vollständige Befreiung.
2. Der Daseinskreislauf (*saṃsāra, 'khor ba*) ist das Kontinuum unserer leidhaften geistigen und körperlichen Aggregate als Resultat von verunreinigten Taten und Leidenschaften. Er ist grundlegend durch einen Mangel an Freiheit charakterisiert.
3. Das Kleine Fahrzeug (*hīnayāna, theg pa chung ba*) umfaßt diejenigen Lehren des Buddha, die dazu dienen, die persönliche Befreiung aus dem Daseinskreislauf zu erlangen. Weil die zum Eintritt in dieses Fahrzeug erforderliche Geisteshaltung »nur« die Last beziehungsweise Verantwortung für das Erlangen der persönlichen Befreiung auf sich nehmen kann, wird es »kleines« Fahrzeug genannt.
4. Der Bodhisattva-Pfad, das Große Fahrzeug (*mahāyāna, theg pa chen po*), unterteilt sich in das Allgemeine Große Fahrzeug und das Tantrische Große Fahrzeug, Vajrayāna genannt. Das Große Fahrzeug und die entsprechende Geisteshaltung vermag die Last und Verantwortung für das Wohl *aller* Wesen auf sich zu nehmen. Der entscheidende Unterschied zwischen Kleinem und Großen Fahrzeugen liegt also in der geistigen Kraft, auf der der Pfad gründet. Das Ziel der Ausübung des Großen Fahrzeugs ist die Buddhaschaft – ein Zustand frei von allen Fehlern und ausgestattet mit allen Tugenden, um allen Wesen entsprechend ihren Anlagen und Neigungen zur Erleuchtung verhelfen zu können.
5. Unter Gottheit versteht man im tantrischen Buddhismus eine überweltliche Erscheinungsform eines vollkommen erwachten Buddha. In keinem Fall sollte man die Gottheit oder Meditationsgottheit als einen allmächtigen Schöpfergott begreifen, der ohne Ursachen und seit anfangsloser Zeit existiert, oder als weltliches Götterwesen, das zwar großes Glück erlebt, aber seine Bindungen an den leidhaften Daseinskreislauf nicht gelöst hat und daher wieder in niederen Daseinsformen geboren werden wird.
6. Bodhgaya ist der Ort, an dem Buddha Śākyamuni vor ca. 2500 Jahren die Erleuchtung erlangte. Heute zählt der Bundesstaat Bihar, in dem sich der Ort Bodhgaya befindet, zu den ärmsten Regionen Indiens.
7. Eine Pūjā ist ein Rezitationstext, der als Grundlage für Darbringungen, Meditationen, Gebete und Rituale dient.
8. Tārā oder Drölma wird als »die Erlöserin« aus den Leiden und Verstrickungen des Daseinskreislaufs verehrt. Sie gilt in ihrer wichtigsten, der grünen Erscheinungsform als die Emanation der Heilsaktivitäten aller Buddhas.
9. Guru Padmasaṃbhava wird als überragender Meister und »Zweiter Buddha« verehrt, weil er den tantrischen Buddhismus in Tibet einführte und viele hinderliche Kräfte für die Verbreitung der Lehre überwand.

10. Avalokiteśvara oder tibetisch »Tschenresig«, »Der mit weit geöffneten, [mitleidsvollen Augen auf die Wesen] blickt«, ist die Verkörperung der Barmherzigkeit und des Mitgefühls aller Buddhas. Sein Namens-Mantra, mit dem man seinen Segen erbittet, beinhaltet das Wort »Mani«, weshalb auch des öfteren ein Tempel, der dieser Gottheit gewidmet ist, als »Mani-Tempel« bezeichnet wird.
11. Gesche Lündrup Söpa ist ein bekannter tibetischer Meister, der lange in Amerika lehrte. Er wurde in Tsang geboren, trat mit neun Jahren in das Ganden Tschökhor-Kloster ein und wechselte mit achtzehn Jahren in das Kloster Sera und später in die Gomang-Abteilung des Drepung-Klosters über.
12. Das Kloster Sera gehörte neben Ganden und Drepung zu den größten Klosteruniversitäten Tibets, die auch als die »Drei Säulen des Staates« bezeichnet wurden.
13. Kham ist die südöstliche der drei Provinzen Tibets. Heute ist sie verschiedenen chinesischen Provinzen wie Sechuan und Yunnan einverleibt worden und wird von den Besatzern nicht einmal zur sog. »Autonomen Region Tibet« gerechnet. Tehor Kham ist ein Gebiet innerhalb der Provinz Kham.
14. Der Tehor Kangtsen ist diejenige Abteilung innerhalb Seras, in der die Mönche aus Tehor Kham zu einem Verband zusammengeschlossen sind.
15. Ein Katag ist eine Glücksschleife, aus weißer Seide oder Baumwolle gefertigt.
16. In diesen speziellen Abteilungen bzw. Klöstern wurden die buddhistischen Geheimlehren, das Vajrayāna, besonders intensiv studiert und geübt.
17. Ein Bhikṣu oder tibetisch »Gelong« ist ein vollordinierter Mönch, der wesentlich mehr Regeln zu beachten hat als ein Novize.
18. Ein Bodhisattva ist ein weit fortgeschrittener Praktizierender, der zum Wohle aller Wesen die Vollkommenheit, die Buddhaschaft, anstrebt.
19. Atiśa (982-1054) war ein berühmter indischer Meister, der unter großen Mühen die Lehren des altruistischen Erleuchtungsstreben (*bodhicitta*) lernte und übermittelte. Seine letzten Lebensjahre verbrachte er in Tibet, um dort den Buddhismus neu zu beleben. Er wird mit seinem Hauptschüler Drom Tönpa als der Begründer der Kadam-Tradition verehrt. Atiśa verfaßte eine sehr bedeutungsvolle Schrift über den Stufenweg zur Erleuchtung, *Die Lampe auf dem Pfad zur Erleuchtung*.
20. Ein Siddha ist ein hochverwirklichter Meister des Tantra.
21. Unter »Stufenweg zur Erleuchtung« versteht man eine Schriftgattung beziehungsweise ein System der Geistesschulung, in dem alle buddhistischen Lehren und Übungen zu einem stufenförmigen, sehr praktikablen Pfad zusammengestellt sind. Siehe dazu: Dalai Lama, *Gesang der inneren Erfahrung – Die Stufen auf dem Pfad zur Erleuchtung* (Hamburg: Dharma Edition, 1993).
22. Gesche Rabten Rinpotsche war ein großer Meister der Gelugpa-Tradition. Er wurde 1920 in Osttibet in einer Bauernfamilie geboren und trat gegen den Willen seines Vaters mit 18 Jahren in das Kloster Sera bei Lhasa ein, wo er unter vielen Entbehrungen ein sehr intensives Studium absolvierte. Im indischen Exil wirkte er

unter anderem als religiöser Berater des 14. Dalai Lama. Er unterrichtete auf Bitten des Dalai Lama viele westliche Schüler und gründete 1977 in der Schweiz das »Zentrum für Höhere Tibetische Studien, Tharpa Choeling« (heute: Rabten Choeling). Gesche Rabten verstarb 1986. Seine junge Reinkarnation, Tenzin Rabgyä Rinpotsche, wächst hauptsächlich in der Schweiz auf, wo er von Gonsar Tulku unterwiesen und auf seine späteren Aufgaben vorbereitet wird.
Die sehr inspirierende Lebensgeschichte von Gesche Rabten Rinpotsche läßt sich in dem Buch *Mönch in Tibet* nachlesen (z.Zt. leider vergriffen). Viele seiner Belehrungen sind in englischer und deutscher Sprache erschienen.

23. Die Vinaya-Regeln umfassen die ethischen Disziplinen, besonders für Ordinierte.
24. Siehe dazu: Geshe Rabten, *Essenz der Weisheit – Ein Kommentar zum Herzsutra*, (Hamburg: Dharma Edition, 1990).
25. Kyabdsche Tridschang Rinpotsche (1901-1981) war ein reinkarnierter Meister der Gelug-Tradition und der Hauptschüler von Pabongka Rinpotsche. Er erwarb bereits mit neunzehn Jahren den höchsten Gelehrtentitel der Gelug-Tradition und durchlief anschließend die tantrische Ausbildung im Gyütö-Kolleg. Er wirkte lange Zeit als Tutor des Dalai Lama und war Lehrer vieler anderer Meister. Seine junge Wiedergeburt wird zur Zeit von Lati Rinpotsche in Dharamsala ausgebildet.
26. Gesche Ugyen Rinpotsche stammt aus Dagyab in Osttibet. Mit 18 Jahren trat er in das Kloster Sera nach Zentraltibet ein. Er wurde Schüler von Gesche Dschampa Khedrup und durchlief mit großem Erfolg die traditionelle Ausbildung zum Gesche Lharampa. In den drei großen Klosteruniversitäten war er als Meister der philosophischen Debatte berühmt. Besondere Wertschätzung brachte man ihm auch wegen seiner strengen ethischen Disziplin und intensiven Meditationspraxis entgegen. Sein hauptsächlicher Mentor war der jüngere Tutor des 14. Dalai Lama, Kyabdsche Tridschang Rinpotsche. Beide kannten sich schon seit ihrer Jugend. Gesche Ugyen trat später in das Untere Tantra-Kolleg (Gyüme) ein, mußte dann aber vor den Chinesen nach Indien fliehen, wo er lange Zeit im Lager Buxa in Assam viele Schüler unterwies. Auf Bitten des Dalai Lama ging er anschließend nach Dalhousie, wo er dem wieder eingerichteten Unteren Tantra-Kolleg als Abt vorstand. Später wurde er zum ersten Abt des »Klösterlichen Tibet-Instituts« in Rikon bei Zürich eingesetzt. Nachdem er in dieser Funktion von Gesche Rabten Rinpotsche abgelöst wurde, begab er sich für mehrere Jahre in intensive Klausur. Zur Zeit unterrichtet er oft im Kloster Sera, bereist aber auch viele Länder im Osten und Westen, um Belehrungen und Einweihungen zu geben.
27. Deutsche Übersetzung in: Dalai Lama, *Gesang der inneren Erfahrung – Die Stufen auf dem Pfad zur Erleuchtung* (Hamburg: Dharma Edition, 1993).
28. *Madhyamaka*, die Philosophie des Mittleren Weges, wurde von Nāgārjuna, Candrakīrti und anderen indischen Meistern auf der Grundlage der vom Buddha gelehrten *Sūtras über die Vollkommenheit der Weisheit (Prajñāpāramitāsūtra)* ge-

formt. Siehe dazu: Dalai Lama, *Schlüssel zum Mittleren Weg – Weisheit und Methode im tibetischen Buddhismus* (Hamburg: Dharma Edition, 1991).

29. Die Vollkommenheiten (*pāramitā*) sind die hauptsächlichen Schulungen, die ein Bodhisattva üben muß, um sein endgültiges Ziel, die vollkommene Erleuchtung, zu erlangen. In diesem Zusammenhang werden meist sechs Vollkommenheiten genannt: Freigebigkeit, Ethik, Geduld, Tatkraft, Konzentration und Weisheit.
30. Tsongkapa war einer der größten tibetischen Gelehrten und Yogis. Er wurde 1357 in Nordosttibet in der Provinz Amdo geboren und starb 1419 im Kloster Ganden, das unweit von Lhasa in Zentraltibet liegt. Tsongkapa studierte zunächst die damaligen buddhistischen Traditionen Tibets, verbrachte viele Jahre in der Meditation, nahm eine umfangreiche Lehrtätigkeit auf, verfaßte viele berühmte Schriften und gründete mehrere Klöster. Aus seiner Anhängerschaft entwickelte sich die Gelug-Schule des tibetischen Buddhismus.
31. Pabongka Rinpotsche oder Pabongka Detschen Nyingpo (1878-1941) war einer der größten und einflußreichsten tibetischen Lamas der Gelug-Tradition des späten 19. und frühen 20. Jahrhunderts. Er war der Halter von vielen Sūtra- und Tantra-Überlieferungen und der Verfasser zahlreicher Texte. Pabongka Rinpotsche war auch einer der Hauptlehrer von Tridschang Rinpotsche, dem Junior-Tutor des gegenwärtigen Dalai Lama. Von Pabongka Rinpotsche sind seine ausführlichen Belehrungen über den Stufenpfad zur Erleuchtung in dem Buch *Liberation in the Palm of Your Hand* (Boston: Wisdom Publications, 1993) erschienen.
32. Śāntideva (*zhi ba lha*) war ein indischer Meister und großer Bodhisattva, der im 8. Jh.n.Chr. in der Klosteruniversität Nālandā lebte. Berühmt wurde er vor allem durch seine Schrift *Eintritt in das Leben zur Erleuchtung (Bodhisattvacaryāvatāra)*. Śāntideva übermittelte die Lehren des »Austausches von Ich und anderen«, die zur Entfaltung des altruistischen Strebens nach Erleuchtung *(bodhicitta)* führen.
33. Kyabdsche Ling Rinpotsche war der ältere Tutor des jetzigen Dalai Lama. Er wurde im Jahre 1903 unweit des Klosters Drepung in Zentraltibet geboren. Nach intensivem Studium erlangte er den höchsten Gelehrtentitel zum Gesche Lharampa und stand in der Folge dem Oberen Tantra-Kolleg (Gyütö) in Lhasa als Abt vor. Später wirkte er als Debattierpartner für den gegenwärtigen 14. Dalai Lama, den er auch – zusammen mit Tridschang Rinpotsche – auf seiner Reise nach China (1954) und Indien (1956) begleitete. 1965 wurde Ling Rinpotsche im indischen Exil zum 97. Thronhalter des Ganden-Klosters (Ganden Tripa) gewählt und wirkte bis zu seinem Tode 1983 in Dharamsala als Oberhaupt der Gelug-Tradition.
34. Kyabdsche Song Rinpotsche war ein hochverehrter Gelugpa-Meister aus dem Kloster Ganden. Er wurde 1904 in Kham (Osttibet) geboren und als Reinkarnation von Songtrül Tenma Tschöpel (1836-1899) anerkannt. Er wurde Schüler von Kyabdsche Tridschang Rinpotsche und zeichnete sich besonders durch seine bestechende Verstandesklarheit, seine hohen tantrischen Verwirklichungen (Siddhi) und

seinen praktischen wie reformfreudigen Erfindungsreichtum aus. Mit 25 Jahren bestand er die Prüfung zum Gesche Lharampa mit Auszeichnungen; einige Zeit später ebenso die Abschlußprüfungen am Höheren Tantra-Kolleg (Gyütö). Vom Regenten Reting Rinpotsche wurde er zum Abt von Ganden Schartse ernannt. Nach seiner Flucht ins indische Exil wirkte er zuerst als Lehrer im Lager Buxa und später als erster Leiter des neuen »Central Institute for Tibetan Higher Studies« in Sarnath bei Varanasi. Er unternahm mehrere Vortragsreisen durch westliche Länder. Song Rinpotsche starb 1984 in Indien. Seine Reinkarnation absolviert zur Zeit im Kloster Ganden im indischen Exil sowohl eine traditionelle tibetische Ausbildung als auch ein modernes Studium.

35. Der damalige 16. Karmapa Rinpotsche war das geistige Oberhaupt der Karma-Kagyü-Tradition, Dudschom Rinpotsche das Oberhaupt der Nyingma-Schule und Sakya Trindsin das der Sakya-Tradition. Bakula Rinpotsche ist ein hoch verehrter Meister aus Ladakh und zur Zeit Botschafter Indiens in der Mongolei.

36. Lati Rinpotsche wurde 1922 in dem Gebiet Yara in Osttibet in einer Bauernfamilie geboren und im Alter von fünf Jahren als Reinkarnation eines Meisters aus dem Kloster Ganden Schartse erkannt. Mit zehn Jahren wurde er in dem Tatscha-Kloster zum Mönch geweiht, wo er mit seinen Studien begann. Später setzte er diese in Ganden in Zentraltibet fort, die er dann mit dem Titel eines Gesche Lharampa abschloß. Im Jahre 1959 wurde er aufgrund seiner herausragenden Leistungen dazu bestimmt, auf der Abschlußprüfung des Dalai Lama mit ihm zu debattieren. Lati Rinpotsche verbrachte ein Jahr mit Studien in dem Oberen Tantra-Kolleg (Gyütö). 1959 floh er ins indische Exil, wo er zunächst ein Jahr in Buxa lebte und dann nach Dharamsala übersiedelte. Hier unterrichtete er viele Schüler und begab sich zusammen mit Kyabdsche Ling Rinpotsche für ein halbes Jahr in eine Klausur über die Meditationsgottheit Guhyasamāja. 1977 wurde er zum Abt von Ganden Schartse ernannt und bereiste in den folgenden Jahren viele westliche Länder. Der Dalai Lama berief Lati Rinpotsche zum Tutor der jungen Wiederverkörperung von Kyabdsche Tridschang Rinpotsche. Von Lati Rinpotsche sind folgende Bücher erschienen: *Stufen zur Unsterblichkeit* (München: Diederichs, 1983); *Mind in Tibetan Buddhism*, (Ithaca, New York: Snow Lion Publications, 1986) und *Meditative States* (London: Wisdom Publications, 1983).

37. Serkong Rinpotsche (1914-1983) war ein Meister aus dem Kloster Ganden. Er wurde in Südtibet in der Region Lhoka geboren und als Wiedergeburt des Sohnes des großen tibetischen Meisters und Übersetzers Marpa anerkannt. Serkong Rinpotsche studierte bei Meistern aller vier Traditionen des tibetischen Buddhismus. Später wurde er zum Debattierpartner und relgiöser Berater des gegenwärtigen Dalai Lama berufen, dem er auch viele Initiationen und Überlieferungen gab. 1954 begleitete er zusammen mit den anderen Tutoren den Dalai Lama auf seiner Reise nach China. Seine Wiedergeburt wurde vor einigen Jahren in Spiti im

indischen Bundesstaat Himachal Pradesh gefunden.

38. Nāgārjuna *(kLu sgrub)* war ein indisch-buddhistischer Meister und großer Tantriker des 2. Jh.n.Chr., der insbesondere die *Sūtras über die Vollkommenheit der Weisheit* klar erläuterte. Er ist der wichtigste Kommentator innerhalb der Madhyamaka-Philosophie und einer der einflußreichsten Meister innerhalb des Buddhismus. Der indische Meister Candrakīrti *(Zla ba grags pa)* lebte im 6. Jh.n.Chr. und wurde besonders durch seine Erläuterungen von Nāgārjunas Darlegungen über die Madhyamaka-Philosophie bekannt. Er ist der Verfasser des *Eintritts in den Mittleren Weg (Madhyamakāvatāra)* und gilt als eigentlicher Begründer des höchsten philosophischen Systems des Buddhismus, des Prāsaṅgika-Madhyamaka. Dharmakīrti *(Chos kyi grags pa)* (ca. 600-650) war ein Meister der Logik und Erkenntnistheorie. Er verfaßte die *Sieben Abhandlungen über Gültige Erkenntnis.*
39. Siehe dazu: Geshe Thubten Ngawang: *Śamatha – Die Entfaltung Geistiger Ruhe* (Hamburg: Dharma Edition, 1993).
40. Gesche Gendün Lodrö (1924-1979) stammte aus dem berühmten Drepung-Kloster, über das er ein (bisher noch nicht übersetztes) umfangreiches Werk verfaßte. Von vielen wird er zu den wohl herausragendsten tibetischen Gelehrten der zweiten Hälfte dieses Jahrhunderts gezählt. Er wurde 1967 vom Dalai Lama an die Universität Hamburg geschickt, wo er bis zu seinem vorzeitigen und plötzlichen Tod im August 1979 unterrichtete. Gesche Gendün Lodrö war auch einer der Mitbegründer des Tibetischen Zentrums. Von seinen Belehrungen ist das umfangreiche Werk über die Kunst der Versenkung erschienen: Geshe Gendün Lodrö, *Walking Through Walls; A Presentation of Tibetan Meditation* (Ithaca, New York: Snow Lion Publications, 1992).
41. Thangkas sind tibetische Rollbilder, die meist in Brokatstoffe eingefaßt werden. Sie geben vornehmlich religiöse Motive wie spezielle Meditationsgottheiten, Meister, die Taten des Buddha usw. wieder.
42. Abhängiges Entstehen (*pratītyasamutpāda, rten cing 'brel bar 'byung ba*) ist der Grundsatz jeder philosophischen Schule des Buddhismus. Dabei beschreiben die unteren Schulen das Abhängige Entstehen als Abhängigkeit der Produkte von den Ursachen und Umständen, von denen sie erzeugt werden. Die höheren Schulen beschreiben darüber hinaus die Abhängigkeit aller Bewußtseinsobjekte, selbst die der Nicht-Produkte, von ihren Teilen und von ihrer Benennung mit Namen oder Begriffen des Denkens. Die Bestimmung eines Phänomens kann nur in Abhängigkeit von anderen Phänomenen erfolgen, wie etwa »kurz« nur in Abhängigkeit von »lang«, »Ursache« nur in Abhängkeit von »Wirkung«.
43. Dies bezieht sich auf den Pfad des Höchsten Yogatantra, der sich in die Erzeugungstufe und die Vollendungsstufe unterteilt.
44. »Lotusblume im Himmel« und »Fell einer Schildkröte« sind beliebte Metaphern für etwas Nichtexistentes.

45. Der Meister Dsche Tsongkapa wird wie auch Guru Padmasaṃbhava oft als der Zweite Sieger, d.h. der Zweite Buddha, gepriesen.
46. »Leerheit« (*śunyatā, stong pa nyid*) bezeichnet in den philosophischen Schulen des Großen Fahrzeugs die endgültige Seinsweise alles Existierenden. Nach der Prāsaṅgika-Madhyamaka-Philosophie sind die Leerheit von inhärenter Existenz und die Selbstlosigkeit gleichbedeutend. Da die Phänomene in bloßer Abhängigkeit von ihren Ursachen, Teilen, Bedingungen und dem sie benennenden Bewußtsein existieren, besitzen sie kein unabhängiges, isoliertes oder eigenständiges Sein. Leerheit bedeutet hier das Leersein von inhärenter Existenz, was nicht heißen soll, daß die Phänomene überhaupt nicht existieren. Siehe dazu Teil III in: *Dalai Lama: Der Schlüssel zum Mittleren Weg* (Hamburg: Dharma Edition, 1991).
47. Der indische Meister Śāntarakṣita ordinierte die ersten tibetischen Mönche und war zusammen mit Padmasaṃbhava und dem tibetischen König Trisong Detsen maßgeblich an der Errichtung des ersten Klosters in Tibet, Samye, beteiligt. Er war Schüler von Kamalaśīla, der auf seine Bitten hin nach Tibet reiste, um dort eine entscheidende Debatte gegen den chinesischen Meister Hoshang zu führen. Teile der sterblichen Überreste von Śāntarakṣita befinden sich seit einigen Jahren wieder in dem restaurierten und teilweise erneuerten Tempel des berühmten Klosters. Diese und einige andere der heiligsten Reliquien von Samye hatte ein Mann aus Amdo in den Jahren der Kulturrevolution unter Lebensgefahr versteckt gehalten.
48. Geistesfaktoren (*caitta, sems byung*) sind Faktoren des Bewußtseins, die eine Besonderheit des Objektes feststellen und in fünffacher Weise mit dem Hauptbewußtsein, das sie begleiten, übereinstimmen. Der Meister Asaṅga nennt sechs Gruppen von insgesamt 51 Geistesfaktoren: (1) die 5 allgegenwärtigen, (2) die 5 objektbestimmenden, (3) die 11 heilsamen, (4) die 6 Wurzelleidenschaften, (5) die 20 Nebenleidenschaften und (6) die 4 wandelbaren Geistesfaktoren. Sie können immer nur zusammen mit einem Hauptbewußtsein auftreten.
49. Vasubandhu (Tib.: *dByig gnyen*) war ein großer indischer Meister (4. Jh. n. Chr.), der zunächst nur dem Kleinen Fahrzeug folgte, später aber, unter dem Einfluß seines Bruders Asaṅga, auch das Große Fahrzeug als authentische Lehre des Buddha akzeptierte, sich darin übte und es verbreitete. Insbesondere wird er als ein Meister auf dem Gebiet des Höheren Wissens verehrt. Hierzu verfaßte er das berühmte Werk *Schatzhaus des Höheren Wissens (Abhidharmakośa).*
50. Asaṅga (Tib.: *Thogs med*) (ca. 310-390) war ein indischer Meister des Großen Fahrzeugs und gilt als Wegbereiter der Cittamātra-Philosophie oder Nur-Geist-Schule des Buddhismus. Zwölf Jahre lang meditierte er über den zukünftigen Buddha Maitreya. Schließlich hatte er eine Vision, während der Maitreya ihn fünf Werke lehrte, die er schriftlich niederlegte.
51. Der gesamte Daseinskreislauf läßt sich in drei Bereiche unterteilen: (1) Der sinnliche Bereich, welcher der gröbste ist. Die Lebewesen dort werden weitgehend von

starken Leidenschaften, insbesondere Begierde, beherrscht. Diesem Bereich wird auch das menschliche Dasein zugeordnet. (2) Der Bereich der Form, in dem sich bestimmte weltliche Götter aufhalten, und (3) der Bereich der Formlosigkeit, in dem es keinerlei grobstoffliche Existenz mehr gibt. Die weltlichen Götter, die dort leben, besitzen eine sehr tiefe Konzentration, die aber der Befreiung aus dem Daseinskreislauf nur sehr bedingt förderlich ist.

52. Die Fünf Aggregate bzw. »Anhäufungen« *(skandha, phung po)* bilden fünf Gruppen von körperlichen und geistigen Aspekten und Teilen, die unsere Person bedingen: das Körperliche, die Empfindungen, die Unterscheidungen, die Gestaltenden Faktoren und die sechs Hauptbewußtseinsarten. Die gegenwärtigen, uns zur Verfügung stehenden Aggregate sind größtenteils ein Resultat unserer eigenen befleckten Taten der Vergangenheit.

53. Sakya Paṇḍita Kunga Gyaltsän (1182-1253) war einer der größten tibetischen Meister. Er knüpfte sehr entscheidende Bande mit den damals auf dem Gipfel ihrer Macht angelangten Mongolen und konnte so verhindern, daß diese Tibet überrannten. Es heißt, Sakya Paṇḍita habe mit Dschingis Khan persönlich korrespondiert. Später wurde dieser berühmte Lama aus dem Sakya-Kloster sogar an den Hof des Mongolen-Prinzen Godan Khan gerufen, und konnte diesen im Jahre 1244 von einer schweren Krankheit heilen. Aufgrund seiner großen Gelehrsamkeit, Weisheit, seiner großen Fähigkeiten und Tugenden konnte Sakya Paṇḍita einen weitreichenden Einfluß auf die Mongolen ausüben, was zur Folge hatte, daß sich bei ihnen zum ersten Mal die buddhistische Lehre ausbreiten konnte.

Bibliographie

»P« bezieht sich auf den japanischen Nachdruck der Peking-Ausgabe des tibetischen Kanons: Tibetan Tripiṭaka *(Tokyo-Kyoto: Tibetan Tripiṭaka Research Foundation, 1956 ff).*

Abhidharma: Siehe *Schatzhaus des Höheren Wissens* und *Zusammenfassung des Höheren Wissens.*

Der Schlüssel zum Mittleren Weg vom 14. Dalai Lama. *dBu ma'i lde mig.* Engl. Übersetzung von J. Hopkins im 2. Teil *(Key to the Middle Way)* von: *The Buddhism in Tibet* (Ithaca, New York: Snow Lion Publications,1987). Dt. Übersetzung von J. Manshardt im 3. Teil von: *Der Schlüssel zum Mittleren Weg* (Hamburg: Dharma Edition, 1991).

Dhammapada (Chos kyi tshigs su bcad pa), Deutsche Übersetzung von H. Much in: *Gautama Buddha – Das Hohe Lied der Wahrheit, Dhammapada* (Freiburg, Basel, Wien: Herder, 1992) und von Kurt Schmidt in: *Sprüche und Lieder* (Konstanz: Verlag Christiani, 1954). Engl. Übersetzung von Dharma Publishing Staff in: *Dhammapada* (Berkeley: Dharma Publishing, 1985).

Die Lampe auf dem Pfad zur Erleuchtung von Atīśa (982-1054). *Bodhipathapradīpa; Byang chub lam gyi sgron ma* (P 5343; Bd. 103). Engl. Übersetzung von R. Sherburne mit einem Vorwort von S.H. dem 14. Dalai Lama: *A Lamp of the Path and Commentary* (London: George Allen & Unwin, 1983).

Eintritt in das Leben zur Erleuchtung von Śāntideva (8. Jh. n. Chr.). *Bodhisattvacaryāvatāra; Byang chub sems dpa'i spyod pa la 'jug pa* (P 5272, Bd. 99) Dt. Übers. von E. Steinkellner: *Śāntideva, Eintritt in das Leben zur Erleuchtung*, (Düss., Köln: Diederichs, 1981); Engl. Übers. von S. Batchelor: *A Guide to the Bodhisattva's Way of Life* (Dharamsala: LTWA, 1979). Zeitgenössischer Kommentar von Geshe Kelsang Gyatso: *Meaningful to Behold* (London: Tharpa Publications, 1989).

Eintritt in den Mittleren Weg von Candrakīrti (6. Jh. n. Chr.). *Madhyamakāvatāra; dBu ma la 'jug pa* (P 5262, Bd. 98). Dt. Übersetzung des 6. Kapitels (Vers 166-226) von H. Tauscher (Wiener Studien zur Tibetologie und Buddhismuskunde, Wien 1981), engl. Übersetzung des 6. Kapitels in Geshe Rabten: *Echoes of Voidness* von S. Batchelor (London: Wisdom Publications, 1983) und des 1. Kapitels von J. Hopkins in: *Compassion in Tibetan Buddhism* (New York: Snow Lion, 1980).

Gesammelte Themen zum anfänglichen Pfad der Logik (bsDus grwa) von Purbu Tschok Dschampa Gyatso, 1825-1901 *(Phur bu lcog byams pa rgya mtsho)*. Auszugsweise engl. Übersetzung von D. E. Perdue in: *Debate in Tibetan Buddhism* (Ithaca, New York: Snow Lion Publications, 1992) und D. E. Perdue: *Debate in Tibetan Buddhist Education* (Dharamsala: Library of Tibetan Works & Archives, 1976), sowie Geshe Lobsang Tharchin: *The Logic and Debate Tradition of India, Tibet and Mongolia* (Howell: Rashi Gempil Ling, 1979).

Guhyasamāja-Tantra. Sarvatathāgatakāyavākcittarahasyaguhyasamājanāmamahākalparāja; De bzhin gshegs pa thams cad kyi sku gsung thugs kyi gsang chen gsang ba 'dus pa zhes bya ba brtag pa'i rgyal po chen po (P 81, Bd. 3). Teilweise ins Englische übersetzt von A. Wayman in: *The Yoga of the Guhyasamājatantra* (Delhi: Motilal Banarsidass, 1977).

Guru-Pūjā (bLa ma mchod pa), Darbringung an den Spirituellen Meister, vom 1. Pantschen Lama Lobsang Tschögyi Gyältsän (1570-1662). Engl. Übersetzung von T. Jinpa mit einem Kommentar vom 14. Dalai Lama in: *The Union of Bliss and Emptiness* (Ithaca, New York: Snow Lion Publications, 1988); eine andere engl. Übersetzung mit einem Kommentar von Geshe Kelsang Gyatso findet sich in: *Great Treasury of Merit* (London: Tharpa Publications, 1992). Dt. Übersetzung von O. Petersen in: *Die Guru-Puja* (Hamburg: Tibetisches Zentrum e.V., 1988).

Guru Yoga der Götterscharen von Tuṣita (dGa' ldan lha brgya) von Dülnagpa Palden. Engl. Übersetzung von Geshe Lobsang Tharchin in: *A Commentary on Guru Yoga and Offering of the Mandala*, (Ithaca, New York: Snow Lion Publications, 1987) und von R. A. F. Thurman in: *The Life and Teachings of Tsong Khapa*, (Dharamsala: Library of Tibetan Works & Archives, 1982). Dt. Übersetzung von A. Heitmann in: *Guru Yoga der Götterscharen von Tushita*, (Hamburg: Tibetisches Zentrum).

Herzsūtra. Zusammengefaßte Gāthā über die Vollkommenheit der Weisheit. Prajñāpāramitā-sañcayagāthā; Shes rab kyi pha rol tu phyin pa sdud pa tshigs su bcad pa (P 735, Bd. 21).

Kālacakra-Tantra. Paramādibuddhoddhṛtaśrīkālacakranāmatantrarāja; mChog gi dang po'i sangs rgyas las byung ba rgyud kyi rgyal po dpal dus kyi 'khor lo (P 4, Bd. 1).

Kommentar [zu Dignāgas »Kompendium] der Gültigen Erkenntnis« von Dharmakīrti (ca. 600-650). *Pramāṇavārttika; Tshad ma rnam 'grel* (P 5709, Bd. 130).

Lobpreis an Munindra (rTen 'brel stod pa) von Tsongkapa, 1357-1419. Deutsche Übersetzung von C. Spitz in: *Das Wesentliche der guten Erklärung – Ein Lob an Munindra*, (Hamburg: Tibetisches Zentrum e.V., 1981).

Man hält die Befreiung in den Händen von Pabongka Detschen Nyingpo (Pa-bong-ka Rin-po-tsche)(1878-1941). *rNam grol lag bcangs*. Engl. Übersetzung vom M. Richards: *Liberation in the Palm of Your Hand* (Boston, Massachusetts: Wisdom Publications, 1991) und teilw. von Geshe Losang Tharchin mit A. B. Engle: *Liberation In Our Hands, Part One* (Howell, New Jersey: Mahayana Sutra and Tantra Press, 1990).

Schatzhaus des Höheren Wissens von Vasubandhu (4.Jh. n. Chr.) *Abhidharmakośa; Chos mngon pa'i mdzod kyi tshig le'ur byas pa* (P 5590, Bd. 115). Sanskrit-Text: P. Pradhan, Hrsg. *Abhidharmakośabhāṣyam of Vasubandhu* (Patna: Jayaswal Research Institute, 1975.) Französische Übersetzung von Louis de La Vallée Poussin in *L'Abhidharmakośa de Vasubandhu* (Paris: Geuthner, 1923-31).

Schmuck der Klaren Erkenntnis von Maitreya. *Abhisamayālaṃkāra; mNgon par rtogs pa'i rgyan* (P 5184, Bd. 88). Engl. Übersetzung von E. Conze: *Abhisamayālaṃkāra* (Serie Orientale Roma. Rom: IS. M.E.O., 1954). Sanskrit-Text mit französischer Übersetzung von S. Lévi: *Mahāyānasūtrālaṃkāra, exposé de la doctrine du grand vehicule selon le système Yogācāra*. (2 Bde. Paris: 1907, 1911).

Suhṛllekha (bShes pa'i spring yig). Brief an einen Freund von Nāgārjuna (2. Jh. n. Chr.), (P 5682, Bd. 129). Engl. Übersetzung von Geshe Lobsang Tharchin und A. B. Engle mit einem Kommentar von Ven. Rendawa, Zhon-nu Lo-dro: *Nāgārjuna's Letter*, (Dharamsala: Library of Tibetan Works & Archives, 1979).

Sūtra über die drei Anhäufungen oder *Sūtra über das Bekennen vor den fünfunddreißig Buddhas. Triskandhadharmasūtra; 'Phags pa phung po gsum pa zhes bya ba theg pa chen po'i mdo* oder *byang chub sems dpa'i ltung bshags*. Engl. Übersetzung von M. Willson in: *Geshe Rabten: The Essential Nectar* (London: Wisdom Publications 1984). Eine andere engl. Übersetzung findet sich in: Geshe Kelsang Gyatso: *The Bodhisattva Vow* (London: Tharpa Publications, 1991). Dt. Übersetzung von J. Manshardt in: *Der Essentielle Nektar der Edlen Lehre* (Hamburg: Tibetisches Zentrum e. V., 1989)

Vierhundert Verse von Āryadeva (3. Jh. n. Chr.). *Catuḥśatakaśāstrakārikā; bsTan bcos bzhi brgya pa zhes bya ba'i tshig le'ur byas pa* (P 5246, Bd. 95). Edition des tibetischen Textes und der vorhandenen Sanskrit-Fragmente mit Übersetzung ins Englische von Karen Lang in: *Āryadevas Catuḥśataka: On the Bodhisattva's Cultivation of Merit and Knowledge*, Indiske Studier VII (Kopenhagen: Akademisk Forlag, 1986).

Vinaya. Schriften über die ethische Disziplin. 'Dul ba (Vinayapiṭaka: P 1030-55, Bd. 41-5 und Vinaya-Kommentare: P5605-49, Bd. 120-127).

Zusammenfassung des Höheren Wissens von Asaṅga (ca. 310-390). *Abhidharmasamuccaya; mNgon pa kun btus* (P 5550, Bd. 112). Franz. Übersetzung von W. Rahula in: *Le Compendium de la Super-Doctrine Philosophie* (Paris: École Francaise d'Extreme Orient, 1971).

Schriften von Geshe Thubten Ngawang

Bücher:

Vom Wandel des Geistes – Buddhistische Weisungen eines tibetischen Lamas, München: Diederichs, 1994; ISBN 3-424-01159-2

Śamatha – Die Entfaltung Geistiger Ruhe, Hamburg: Dharma Edition, 1993; ISBN 3-927862-17-7

Broschüren:

Buddhistisches Bekenntnis, Hamburg: Tibetisches Zentrum e.V., 1986; ISBN 3-927862-00-2

Das Rad des Lebens, Hamburg: Dharma Edition, 1993; ISBN 3-927862-18-5

Die Tugend der Geduld üben, Hamburg: Tibetisches Zentrum e.V., 1985; ISBN 3-927862-01-0

Tod, Bardo und Wiedergeburt, Hamburg: Tibetisches Zentrum e.V., 1985; ISBN 3-927862-02-9

Anmerkungen zur Umschrift

Um der Begriffsklarheit willen werden im Text sowie im Glossar bei einigen Wörtern das ursprüngliche Sanskritwort und das tibetische Äquivalent in Klammern hinzugefügt. Die Sanskritwörter werden durchweg in der international üblichen Schreibweise wiedergegeben. Für die Transliteration des Tibetischen wird das System von Turell Wylie benutzt.

Zur Aussprache und Umschrift der Originalbegriffe aus dem Sanskrit und dem Tibetischen vgl: Jens-Uwe Hartmann, *Über die Wiedergabe von Begriffen aus dem Tibetischen und Indischen,* in: *Tibet und Buddhismus,* Heft 28 (1/1994). Hamburg, Tibetisches Zentrum e.V., 1994.

SINKIANG
(von China besetzt seit 1949)
PAKI-
STAN
Ladakh
U-Tsang
T
(von
Dalhousie
Dharamsala
Kailash
Schentsa
Sera
Drepung
Lh
Schigatse
Ganden
Gyantse
NEPAL
Delhi
BHU
Bu
Varanasi
Bodhgaya
INDIEN
BAN
DESC
Kalkutta
Bombay
Mundgod
Bangalore
Madras
Bylakuppe
Golf von Benga